Der Autor:
Bruno Küttel, geboren 1957 in Gersau, im Herzen der Schweiz, ist Rechtsanwalt und Vater von zwei Söhnen. Er lebt mit seiner Frau in Siebnen, in der Region Oberer Zürichsee. Bruno Küttel hat einen Traum: mit Geschichten die Welt verbessern. Der Ben im Buch ist sein Alter Ego. Im Jahr 2015 sind von Bruno Küttel «Vater ist ein Träumer» und «Erde an Scotty» erschienen. Und auf dem Blog www.bküttel.ch erzählt er Geschichten, die ihm das Leben schreibt.

PS: Ich – Dich – auch

von Bruno Küttel

Monuments of the world © sdcoret – Fotolia.com
Coverdesign: Wortfeger Media GmbH
Herausgeber: Wortfeger Media GmbH, wortfeger.ch

März 2016
ISBN 978-3-906095-65-3

Auch als E-Book erhältlich

Zitat Seite 7 aus «Federkleid» von Banana Yoshimoto,
Zitat Seite 98 aus «Das Geschenk» von Maria Elisabeth Straub,
beide im Diogenes Verlag erschienen.

Herstellung: BoD – Books on Demand, Norderstedt
Die Deutsche und Schweizer Nationalbibliotheken verzeichnen
diese Publikation in der Nationalbibliografie; detaillierte
bibliografische Daten sind im Internet über
www.dnb.de und www.nb.admin.ch abrufbar.

Für Claudia

«Das Wechselspiel zwischen Natur und Mensch ist wie guter Sex. Man wird von einer unwiderstehlichen Kraft ergriffen, doch die sinnlichsten Momente verbergen sich oft in unscheinbaren, verstreut am Weg liegenden Dingen: in knospenden Kirschblüten zum Beispiel, in der Form schlanker, keck in die Luft ragender Schilfblätter oder in einem winzigen Wasserwirbel, der zwischen Steinen tanzt ... Das Glück, etwas davon zu erhaschen, ist ein Geschenk.»
(Banana Yoshimoto, «Federkleid»)

Prolog

Es war einmal ... Sie wissen, wie es mit den Geschichten ist, die auf diese Art beginnen. Ein Teil davon stimmt meistens schon, und manchmal – ja das gibt es auch – ist die ganze Geschichte wahr, wie in meinem Fall. Meine Geschichte stimmt vom Anfang bis zum Ende, ich habe sie selbst erlebt. Nur geschrieben hat sie ein anderer.

Ben schrieb sie, und Ben, das ist mein Mann, schon seit 30 Jahren.

Zusammen sind wir schon 33 Jahre. «Und ein halbes dazu», sagt Ben, da er mich schon sah, als ich noch nichts von ihm wusste. Ben sass oben hinten, ich sass mittendrin, als sie vorne unten über Gesetze und Paragrafen sprachen. So ist Ben, mein Mann. Manchmal tut er Dinge, die mich staunen lassen. Manchmal ist er wütend und manchmal lieb wie ein Kind.

«Und der Weg ist, wo du gehst», sagt Ben, und sein Lebensmotto lautet: «Wer Neues erdenken will, muss hin und wieder spinnen.»

Ben meint den Lebensfaden.

Eigen ist Ben auch. Den meisten fällt es schwer, den Ehering, Jahrzehnte an der Hand, noch über den Knöchel zu bringen. Der Ring sitzt fest, er lässt sich kaum bewegen. Mein Ben hat seinen Ring vom Finger weg verloren.

Ein Träumer ist Ben auch. Und Geschichten sind Bens Ding.

Und die Welt ist ihm zu eng, die Welt, in der wir leben. Die Welt ist ihm zu kalt, er will sie wärmer haben.

Ben wärmt mit Feuern ungezählt, Ben zündet Herzen an.

Ben ist seltsam, er ist verrückt, aber trotzdem hab ich ihn gern.

Ich liebe meinen Mann.

«Ich liebe dich», habe ich in jungen Jahren oft zu Ben gesagt. Worauf er mir zur Antwort gab: «Ich – dich – auch.»

Mein Ben ist anders, als andere Liebende sind. «Ich liebe dich ...» Mit «dich» bin ich gemeint. Ben hat es mir geschrieben. Überhaupt ist Ben im Schreiben besser als im Reden, wenn es ums Lieben geht.

«Ich liebe dich oder die Geschichte vom goldenen Licht». Ein richtiges Buch: Hardcover, mit Deckel, Umschlag und einem Klappentext. Und das Foto vorne drauf, das habe ich gemacht. Für die einen sind es Steine, über die das Wasser fliesst, in schattig tiefer Schlucht. Für meinen Ben und mich – unverhofft an diesem Ort – war es goldenes Licht.

Für Dich

Liebe Rosa

GROSSES BEGINNT MIT EINEM BRIEF. Du weisst schon, was ich meine. Mein Buch, von dem ich träume. – Weisst Du's wirklich? Ja, Du weisst es ganz bestimmt. Du kennst mich lang genug, schon 33 Jahre – und ich Dich ein halbes dazu.

Etwas Besonderes sollte es werden zum 30. Hochzeitstag. Richtig begehen wollte ich den grossen Tag, mit einem besonderen Geschenk an einem besonderen Ort.

Du weisst, ich ziehe mich oft zurück, um in mein Tagebuch zu schreiben, und gelegentlich – das weisst Du auch – entstehen Geschichten daraus. Dann erzähle ich einem imaginären Publikum, ich träume meinen Traum und bin mein Kolumnist. Ich schreibe für ein Magazin, das ich «Flieg-Zeug» nenne.

Geschichten schreibe ich, die Flügel schenken den Leserinnen und Lesern, wenn es denn solche gibt. Ein paar von diesen Geschichten widme ich in Liebe Dir.

Etwas GROSSES, wie gesagt, BEGINNT MIT EINEM BRIEF. Der Slogan unserer Post, den ich für mich verwende: Meine kleinen Geschichten, und ich mache Grosses daraus.

Auch das Bild auf der Marke passt: ein jung verliebtes Paar ...

Weisst Du, was ich meine? – Jetzt schreibe ich ein Buch. Ein Buch für Dich mit zwölf Geschichten, und weil es wie im Märchen ist, kommt eine noch dazu. – Ob ich es einfach machen kann? Geschichte nach Geschichte, wie erlebt? «Auf der Heimfahrt von Zürich» zuerst?

Doch es kommt anders als gedacht: Es war im April in diesem Jahr, anfangs April genau, auf dem Weg nach Zürich. Im Zug, wie immer, würde ich die Zeitung lesen, aber die Zeitung war nicht da, nicht in meiner Tasche. Ich ärgerte mich kräftig.

Du kennst das ja, Du weisst, wie ich mich ärgern kann, auch über Nichtigkeiten. Und manchmal – ja, das kennst Du auch – bin ich dann mehr als froh, dass es anders kam zu dieser Zeit an diesem Ort, anders, als ich dachte.

So hatte ich nichts zu lesen, nichts zu tun, schaute aus dem Fenster und sah ein Wunder der Natur. Hinter dem tiefen Hügelkamm und der bewaldeten Krete ging die Sonne auf und auf und auf – fünfzehn oder zwanzig Mal –, bis sie ihr ganzes Licht über den See ergoss. Bis Zürich hatte ich erkannt, dass das die Antwort war auf die Frage, die ich mir stellte: Wie soll ich beginnen? Welche Geschichte zuerst? – Statt «Heimfahrt» «Hinfahrt»! Mach es umgekehrt, als du es machen wolltest! Fang einfach hinten an. «Tag der offenen Tür» zuerst, dann «Platz der Freiheit» und danach «Ein Clown im Himmel». Und so weiter und so fort und zuletzt «Auf der Heimfahrt von Zürich».

Heimfahrt am Ende, das passt.

Herzlich und in Liebe
Ben

1.

Liebe Rosa

Weisst Du noch, kannst Du Dich erinnern an den Psychologen und an sein Referat, als unsere Söhne noch in die Schule gingen? Das war ein gescheiter Mann! Um die Buben ging es, um ihre besondere Art. «Wissen Sie, Sie müssen wissen, dass Buben anders sind als Mädchen.» So begann er seine Rede. «Wissen Sie, wenn Buben in einer Kiste sitzen, in einem Bretterverschlag, der ihr Flugzeug ist, dann spielen sie nicht Fliegen. Buben spielen nicht, Buben fliegen. Vergessen Sie das nie.»

Ich habe es nicht vergessen. Ich erinnere mich oft daran, wenn ich Geschichten schreibe. Die Geschichte ist meine Kiste, und ich bin Bub darin.

«Wie meinst du das mit Bub, bei einem gestandenen Mann?», stellst Du mir die Frage. Vielleicht fragst Du auch nicht. Aber solltest Du Dich fragen – was will er mit dem, was er erzählt? –, dann erinnere ich Dich daran, was der Psychologe sagte, und sage selbst dazu: Männer bleiben Buben insgeheim, auch wenn sie älter werden. Die einen erzählen Geschichten, andere machen Krieg.

Eine Kiste ist eine Kiste, und zugleich ist sie mehr für den, der in der Kiste fliegt. Erklären kann ich es nicht. So haben – da hast Du natürlich recht – Polizisten normalerweise mit einem Labyrinth nichts zu tun, auch nicht mit dem von Chartres. – Aber was ist normal für einen, der in einer Kiste fliegt?

Weisst Du noch, kannst Du Dich erinnern, wie es zur Einladung kam, die mir die Geschichte bescherte? Wir brauchten einen fachkundigen Rat unser Haus betreffend. Der Architekt, mit dem wir bauten, ging auf grosse Fahrt und ward nicht mehr gesehen. Uns blieb der junge Mann, der unseren Bau studierte. Wir wagten Neues, das nicht Standard war, das hat ihn interessiert. Ich suchte und – Internet sei Dank! – ich fand und staunte, als ich sah, wie vieles ähnlich war an seinem und an unserem Haus. Der junge Mann von einst, auch zwanzig Jahre älter, lud mich zum Besuch seines neusten Werkes ein. So kam ich zum «Tag der offenen Tür».

Zur rechten Zeit am rechten Ort, wie ich es gerne habe. – Stell dir vor, ich hätte diesen Paul nur ein bisschen später entdeckt! Seinen Tag der offenen Tür hätte ich glatt verpasst und damit auch die Geschichte. – Das ist es, liebe Rosa, was ich meine, mit meiner Kiste, die fliegt.

Herzlich und in Liebe
Ben

Tag der offenen Tür

«Neue Ordnungshüter wurden diplomiert», so lautet ein Titel in der Zeitung. 140 neue Polizisten haben den Abschluss ihrer Schulzeit gefeiert. «Interkantonale Polizeischule Hitzkirch» heisst der Ort, wo sie ihre Ausbildung machten. Und dazu ein passendes Bild: junge Männer, junge Frauen, blaues Hemd, Krawatte, dunkle Hose, uniform. Der Titel und der Ort erinnern mich daran, dass eine Geschichte darauf wartet, dass ich sie erzähle.

Was hat ein Architekt, den ich kenne, mit der Polizei zu tun? – Nichts, wenn der Architekt sich an Recht und Ordnung hält. Und wie passen Polizisten mit offenen Türen zusammen? – Sie passen nicht. Im Gegenteil. Polizisten nehmen fest und schliessen ein, wenn einer die Gesetze bricht. Und mit dem Labyrinth von Chartres haben Ordnungshüter aus der Schweiz erst recht nichts zu schaffen. – So denkt sich's leicht, und man täuscht sich doch dabei.

Sind Sie selbst auch schon durch die magischen Kreise gegangen?

Den Anfang macht eine Gerade, bis es zu drehen beginnt. Drehen um die Mitte.

Ich trete ein, nur ein paar Schritte, sehe schon die Mitte und werde gleich gestoppt.

«So leicht mach ich's dir nicht», raunt mir der Geist ins Ohr, der über die Kreise wacht. Ich habe keine Wahl. Wenn ich hinein will in die Mitte, muss ich zur linken

Hand eine Viertelwende gehen und sogleich das Gleiche zur rechten Hand zurück, um wieder die Gerade zu erreichen, die zur Mitte führt. – «Doch das, mein lieber Schwan, führt dich noch nicht zum Ziel, fürwahr noch lange nicht.»

Links eine halbe Runde, erneut durch die Kreise. Nur kurz, weil es ganz innen um die Mitte geht.

Die Mitte ist zum Greifen nah, und doch: Der Weg hinein ist mir versperrt. Der Kreis bleibt zu, ich dring nicht durch, so nahe und doch fern.

Und wieder dreht es links zurück, eine halbe Runde. Dann rechts, dann links, dann rechts, zweimal einen Viertel und eine Halbe. Und links einen Viertel und rechts eine Halbe. Und die Mitte? – Längst aus dem Blick. Hinüber jetzt zur anderen Seite. Rhythmus und Pendel für mich, der ich schreibe, nicht für den, der den Weg sein erstes Mal begeht. Und wieder ist die Mitte da, und wieder bin ich meinem Ziele nah, zuinnerst auf dem Kreise.

Ich frage mich: Wo bin ich nur, und war ich nicht schon da? – Das sind die Fragen eines Wanderers ohne Plan. Dann links einen Viertel und rechts einen Viertel und links noch eine Halbe. Das habe ich alles schon gesehen, meint der Verwirrte auf seinem Weg. Er zweifelt, dass er die Mitte findet, vielleicht auch den Ausgang nicht mehr.

Soll er zurück? Wohin soll er sich wenden? Zu oft hat er im Kreis gedreht. Wenn er, wo er den Ausgang sucht, unendlich in die Irre geht? Unendlich, ohne Ende? Links, rechts, links, rechts, links ... und so weiter und so fort. Verzweiflung macht sich breit und plötzlich wieder Hoffen.

Und noch einmal links, und der Blick wird frei, zuäusserst auf dem Kreise. Hier muss der Ausgang sein, denkst du und wirst erneut getäuscht. Rechts, links, rechts ... und wieder hinein und wieder der Mitte entgegen. Dann links, dann rechts, dann links, dann rechts ... und wieder bin ich ..., wo ich den Ausgang nicht finde.

Und plötzlich, endlich, eine Gerade. Gestoppt auch sie auf halbem Weg. Jetzt rechts, und wieder fängt es mit dem Drehen an. Und noch einmal links und noch einmal rechts und eine letzte kurze Gerade, wo es nicht mehr weiter geht. Und so habe ich das Ziel erreicht und weiss doch nur, dass ich den Weg hinaus auch wieder finde.

Paul lud ein, im Oktober 2009. Zwanzig Jahre war es her, seit wir uns das erste Mal sahen. Auf der Baustelle war es, wo unser Haus entstand. Ein besonderes Haus sollte es werden, und ein besonderes Haus ist es noch. Wir machten manches anders, als man es landläufig macht. Wir wagten Neues. Nicht alles, aber vieles gelang.

Paul, der Architekt, stand in der Ausbildung zum Baubiologen. Er studierte unser Haus und einiges übernahm er. Er hat es für sich und seine Auftraggeber zur Perfektion entwickelt.

«Ein Umbau der speziellen Art – Baubiologie pur! Komm doch vorbei.» So lud Paul mich ein.

Sein Werk war sehenswert. Eigenständig, originell. Mitten im Dorf im alten Kern ein altes Haus, im Hinterhof und im Garten. Was einmal ein Waschhaus und ein Lager für das Brennholz war, hat man auf drei Etagen zum Wohnen umgebaut. Einladend, gemütlich, warm.

Kaffee und Kuchen gibt es oder eine Suppe. Man ist hier gerne Gast.

Es kommen viele, man kennt sich oder lernt sich

beiläufig kennen. Ein Schwatz da und einer dort, und dann geht ein jeder wieder seinen Weg. Ich an der Kirche vorbei und dahinter am grossen Gebäude mit dem grossen Tor und dem grossen Platz. Auf dem Weg, auf dem ich gehe, kam ich zwei Stunden zuvor und habe nichts gemerkt. Wer rechnet schon damit, in Hitzkirch, Kanton Luzern, mitten in der Schweiz, auf die Kreise von Chartres zu stossen. Einmal hin und zurück, um es auf dem zweiten Gang doch noch zu entdecken.

Ich packe die Gelegenheit beim Schopf. Ich trete ein und gehe durch die Kreise, bis ich zuinnerst bin – und danach das Ganze zurück.

So war ich also in Chartres, am Tag der offenen Tür. Und als ich aus der Mitte trat, nahm ich mir die Zeit, um das Haus noch anzuschauen. Herrschaftlich gross, fast wie ein Schloss. Ob man es besichtigen kann?

Durchs Tor in den Hof hinein und an die Pforte, wo man mich wissen lässt, dass hier der Weg für Unbefugte ende, weil das die Polizeischule sei. Bis vor ein paar Jahren, und davor Jahrzehnte lang, sei es eine Ausbildungsstätte für Lehrer und Lehrerinnen gewesen. Und viele Jahre früher war es ein Ordenshaus.

So mag das Labyrinth aus ferneren Zeiten stammen, jetzt aber gehen junge Leute – Männer in der Überzahl und ein paar junge Frauen –, die Polizisten werden wollen, täglich über die Kreise. Und ab und an bleibt einer, eine stehen, eine Zigarette lang, flaniert dann ein paar Schritte, und wenn das Schicksal es will, steht der junge Mensch, unbemerkt und unverhofft, plötzlich in der Mitte – wo der Gang zum Raum sich weitet und in der Form einer Rose erblüht.

2.
Liebe Rosa

«Platz der Freiheit»! Oder sage ich lieber «Tahrir»? Es gibt Namen, die Fanale sind. «Tiananmen» zum Beispiel, oder «Platz des himmlischen Friedens». Aber das mit dem himmlischen Frieden ist eine andere Geschichte. Nicht immer ist es wie immer. Manchmal kommt es auch anders, und manchmal geschehen Wunder, weil wir mit dem, was sich ereignet, nicht gerechnet haben. Ein Wunder ist geschehen in Kairo auf dem «Platz der Freiheit». Oder sag selbst: Hättest du damit gerechnet, dass das ägyptische Volk seinen Despoten nach kurzer Revolution buchstäblich in die Wüste schickt? Nach Sharm el-Sheikh, wo wir Europäer Winters über baden. «Der Diktator geht baden», könnte eine Schlagzeile lauten. Ich weiss, es gab auch Tote, bevor Mubarak unter Zwang und Druck den Herrscherthron verliess. Aber trotzdem sei mir ein Spass erlaubt. Ich drücke darin meine Freude aus, dass es für einmal anders kam, anders als wie immer. Für einmal am Ende kein Krieg!

Erinnerst du dich, was ich dir auch erzählte? Wovon ich begeistert war? Es stand bei uns in der Zeitung. Menschen vom «Platz der Freiheit» wurden am Tag, nachdem die Revolutionäre siegten, porträtiert. Ein gelungener Versuch, der anonymen Masse, die das Wunder wirkte, Namen und Gesicht zu geben. Ein Klempner war auch dabei. «Wir können ewig auf dem Tahrir bleiben. Wir haben schon Toiletten gebaut.» So wurde Gamal al-Sayed zitiert. Dann habe er noch gesagt: «Wenn es länger dauert, bauen wir noch Duschen.» – Ist das nicht wunderbar?!

Eine wirklich schöne Geschichte! Der Klempner der Revolution!

Auch von den Künstlern auf dem Platz war in der Zeitung die Rede. Wenn es um die Freiheit geht, sind die Künstler besonders empfänglich und besonders kreativ. Mich erinnert es daran, dass schon einmal in unserer Zeit in einer Revolution die Künstlerinnen und Künstler eine wichtige Rolle spielten. In Dresden, Leipzig, Berlin und in vielen anderen Städten gingen sie auf die Strasse, um mit den Klempnern, Maurern, Tischlern, Philosophinnen, Ärztinnen, Pastoren, mit den Lehrerinnen und Lehrern Revolution zu machen. Eine Revolution ohne Krieg! Ihr Ruf «Wir sind das Volk» hallt noch lange nach.

Und ist die Revolution gemacht, dann sind es erneut die Künstlerinnen und Künstler, die davon erzählen, in Bild und Ton und Wort. Und wird es wieder eng, dann erinnern sie daran, dass nichts immer kommt wie immer.

Erinnerst du dich, Rosa, dass einer einmal schrieb: «Stell dir vor, es ist Krieg und keiner geht hin.» Nach der Erfahrung von Kairo bin ich versucht zu sagen: Stell dir vor, sie gehen auf die Strasse, oder sie gehen auf den «Tahrir», und es gibt trotzdem keinen Krieg! – Fast unvorstellbar ist, was jetzt in Kairo geschah.

Herzlich und in Liebe
Ben

Platz der Freiheit

Kennen Sie «Nichts»? – Das ist ein Buch, von einer Dänin, Janne Teller. Sie lebt in New York, ist 47 Jahre alt und schreibt für junge Leser. Für die EU und für die UNO war sie in Afrika unterwegs, bevor sie Schriftstellerin wurde. Ihr «Nichts» hat eine Geschichte. «Hat» – Sie lesen richtig – «ist» gilt jedoch auch. Als das Buch im Jahr 2000 in Dänemark erschien, wurde es für die Schulen verboten. Inzwischen ist das anders, es wurde Pflichtlektüre daraus. In Skandinavien und darüber hinaus wird «Nichts» von Schülerinnen und Schülern und Lehrerinnen und Lehrern, wie man hört und liest, heftig diskutiert.

«Nichts» fordert heraus. Auch mich hat es gefordert, obwohl ich kein Schüler mehr bin.

Ich fragte Maren per Mail: «Hallo Maren, ein Buch führt mich zu dir, ‹Nichts› von Janne Teller. Hast du davon gehört? Oder hast du es sogar schon gelesen? Ein Jugendbuch soll es sein. Ich las es im Schnelldurchgang. Ich musste und wollte durch. Ich habe es quergelesen. Mehr war mir zu viel. Auch so war es noch happig. Von Jugendlichen handelt die Geschichte, 13 und 14 Jahre alt, auf der Suche nach Bedeutung und Sinn. Was dabei herauskommt, ist verheerend. Dieses Buch hat mich verstört – ich kann es nicht anders sagen – und zugleich hat es mich gepackt, mit Haut und Haar und Knochen. Auf deine Antwort bin ich gespannt. – Und sonst: Gut in den Frühling gestartet? Den Winter gut verbracht?»

«Hallo Ben, danke für deine Zeilen. Mir fallen zwei Wörter auf: ‹Nichts› und ‹verstört›. Ich kenne weder das Buch noch die Autorin. Das macht es für mich einfacher, etwas oder nichts dazu zu meinen. ‹Nichts› klingt nach einem philosophischen Roman, und du hast gesagt, dass es ein Jugendroman ist. Also Philosophie für Jugendliche, eines meiner Steckenpferde. Ich habe zwei Jahre lang mit Jugendlichen philosophiert, schulmässig. Sollte überall Pflichtfach sein – doch Betriebswirtschaft und solche Dinge sind scheinbar wichtiger! Und es ist spannend, was da rauskommt. Über das Nichts nachdenken, das machen meist Weise aus dem Osten. Wenn es westliche Jugendliche machen, umso erstaunlicher! – Dein Ausdruck ‹verstört› hat mich dann etwas stutzig gemacht. Ein Stör ist doch ein Fisch, der im Schlick wühlt? In welchem Schlick wühlst du? – Mir geht es gut. Der Frühling weckt meine Lebensgeister. Ich bin gespannt, was auf der Welt passiert, wenn alles in Bewegung ist: die Erde, das Meer. Sind wir bereit, mit der Bewegung zu gehen oder halten wir an unseren Kartenhäusern fest? Finden wir noch immer, Japan und Libyen hätten nichts mit uns zu tun, oder merken wir, dass wir alle verbunden sind? Die Jungen haben es längst gemerkt. Sie tummeln sich auf diesen Internetplattformen, die besagen: be connected! Da verbinden sich die Jungen. – Und jetzt, wie war das mit dem Nichts?»

«Dein Stör gefällt mir gut. Im Schlick ist Nährstoff drin. Und ja, wie war das mit dem Nichts? – Es ist nicht wirklich das Nichts, das die Mädchen und Jungen zu ihrem Handeln treibt in Janne Tellers Geschichte. Tatsächlich suchen sie Bedeutung, und sie finden Wert über Wert, aber wie es geschieht, ist schlimm. Was zurückbleibt, ist verbrannte Erde. Willst du das Buch, zu Studienzwecken vielleicht?»

«Ja, bitte, gib es mir.»

«Ich bringe es dir vorbei. Und übrigens: Ich habe heute in der Zeitung – wie der Zufall wieder spielt! – noch ein Interview mit Janne Teller gelesen. In Zürich sei sie demnächst, um ihr neues Werk vorzustellen. Was die Frau in der Zeitung sagt, hat mich ein wenig mit ihr versöhnt. Vielleicht gehe ich hin. Da ist etwas, das mich fasziniert, an der Frau und an ihrem Werk.»

«Hallo Ben, ‹Nichts› ist im Briefkasten bei mir angekommen. Vielen Dank. Übers Wochenende begann ich zu lesen. ‹Nichts› haut mich nicht vom Hocker. Doch ich muss zugeben, ich verstehe manchmal diese skandinavischen Autoren auch nicht. Philosophisch finde ich nicht viel Neues. Was aber auffällt, ist das Gewaltpotenzial. Es gibt doch all diese Krimis aus dem Norden – Mankell & Co. –, die viele so gerne lesen. Ich habe mich einmal an einen gewagt, konnte aber nichts damit anfangen. Dieses Düstere, Nihilistische ist ‹Nichts› für mich! Da bin ich einfacher gestrickt. Meine Welt ist eine sonnige. Aber wer weiss, vielleicht kommt die Sonne ja doch noch zum Vorschein, auch im ‹Nichts›?»

«Gut, dass wir Südländer sind, zwar nördlich der Alpen zuhause. ‹Vielleicht kommt die Sonne ...›, sagst du. Ist die Hoffnung nicht auch ein Teil unseres sonnigen Gemüts? Und übrigens: Das neue Buch von Janne Teller trägt den Titel ‹Krieg – Stell dir vor, er wäre hier›. Nein, das mag ich mir nicht vorstellen. Warum hat diese Frau nur ein solches Echo?! Das ist die Frage, die ich beantwortet haben will. Und ich möchte auch wissen, was die jungen Leute an der Uni, wo die Autorin auftritt, dazu zu sagen haben. Mit dieser Absicht – falls ich gehe – gehe ich hin. Du wirst von mir hören, wenn ich dort gewesen bin. Und noch etwas zum Interview in der Zeitung: Zuletzt wird Janne Teller gefragt, ob das, womit wir uns beschäftigen, nicht Luxusprobleme wären im Vergleich mit dem, was sie in Afrika sah. Dort stelle ja der Besitz eines Buches und die Fähigkeit zu lesen schon einen Luxus dar. Die Autorin gibt zur Antwort, dass das mündliche Erzählen und die Musik in Afrika die gleiche Rolle spielten wie die Literatur bei uns. Und wörtlich fährt sie fort: ‹Ich glaube, dass zwischen unseren Seelen und der Realität, die uns umgibt, eine Art Graben besteht. Wir alle brauchen etwas, um diesen Graben zu überbrücken: Geschichten. Ob Sie diese Geschichten lesen, hören oder singen, ist nicht so wichtig. Wichtig ist nur, dass es sie gibt.› Ob das die Lösung für das Rätsel ist, das diese Frau umgibt? Am Mittwoch weiss ich mehr, falls ich zur Lesung gehe.»

«Hallo Maren, ich war da, habe Janne Teller gesehen und gehört. Eine grosse Frau mit einer sanften Stimme, die so gar nicht zur brutalen Geschichte passt. Auch strahlen kann sie, wenn sie spürt, dass die Geschichte ankommt. Was Janne Teller macht, macht sie mit Freude, das war offensichtlich. Was ‹Nichts› und ‹Krieg ...› anbelangt, hat mir der gestrige Abend auch Erkenntnisse gebracht, aber die sind mir nicht so wichtig. Dass ich den Menschen hinter der Geschichte sah, hat Bedeutung für mich. – Womit ich wieder beim ‹Nichts› anlange, wo es um die Suche nach Sinn und Bedeutung geht.»

«Und dann fällt mir noch etwas ein, das ich selbst vor Kurzem erlebte. Das erzähle ich dir gern. Und sollte ich es irgendeinmal aufschreiben wollen, würde ‹Kleine

Welt› oder ‹Platz der Freiheit› daraus: Es war am Freitag, 11. Februar im Jahr 2011, um 18.11 Uhr, als Mubarak abdankte. So stand es in der Zeitung. Ich sass im Kino in diesem Moment. Nur kurz das Ganze. Eine technische Panne, die auf die Schnelle nicht zu beheben war, setzte dem Film schon nach zehn Minuten ein Ende. – Bei uns ein kleines Malheur, und in Ägypten schrieben sie Geschichte. Am Freitagabend, wie gesagt, und am Samstag dann die Zeitung. Da war von einer jungen Künstlerin die Rede. Die Frau schaute zurück und meinte, dass für den Erfolg auf dem Platz der Freiheit der Moment entscheidend war, als das Regime die Verbindungen im Internet zu stören und zu kappen begann. Sie, die jungen Leute, seien dann hinausgegangen ins Quartier. Sie zogen von Haus zu Haus, von Tür zu Tür, und klopften bei Menschen an, die sie zuvor nicht kannten. So sei die Bewegung von Tag zu Tag gewachsen. Das Resultat ist uns bekannt ...»

«Sag, Maren, ist es nicht wunderbar, was dort geschah? Dass einer alles macht, um die Macht für sich zu erhalten, und dabei, unbewusst und ungewollt, die Menschen zusammenführt, die die Freiheit fordern für sich und für ihr Land?! ‹Be connected!›, sagtest du, sei das Zeichen der Zeit, das die Jungen verstanden hätten. Du hast offensichtlich recht.

– Be connected! Im Netz und auf der Strasse.

– Be connected! Und die grosse Welt wird klein.»

«Und übrigens: Weisst du, welchen Film ich schauen wollte, im Kino, als in Ägypten der Umsturz geschah? – ‹Small World› mit Gerard Départdieu. Und weisst du, wovon das neue Buch von Janne Teller handelt, das mit dem Titel ‹Krieg ...›? – Vor dem Krieg bei uns fliehen wir nach Ägypten. Ausgerechnet Ägypten! Eine Prophetin ist diese Autorin auch. Sie schrieb ihre Geschichte, wie sie sagt, schon im Jahr 2001. Und so bleibt mir nur noch zu sagen: Nichts kommt immer wie immer. Manchmal kommt es auch anders, Prophezeiung hin oder her.»

3.

Liebe Rosa

Weisst Du noch, wie wir Walter und Karin kennenlernten? Natürlich weisst Du es noch. Ich weiss es ja selber auch.

Und weisst Du noch, wo wir sie das erste Mal sahen? In Zürich war es, vor dem Abflug nach England, am Morgen beizeiten. Am Mittag würden wir in Oxford sein, und dann weiter durch Englands Süden und noch ein Stück durch Wales. Zehn Tage im Bus unterwegs. Wir beide auf einer geführten Reise! Das hatten wir noch nie gemacht. Unsere eigenen Wege waren uns immer wichtig. Einfügen in eine Reisegruppe war nicht unser Ding.

Walter und Karin ging es ähnlich, wie sie uns später sagten. Trotzdem waren sie und wir dabei, das Angebot war zu verlockend: Heilerinnen und Heiler, Medien mit dem Jenseits auf Du, Steinkreise und Kornkreise und Menschen, die nach neuem Antrieb für neue Flugmaschinen suchten. Wir waren in Stonehenge, am Abend, mittendrin. Wir gingen nicht nur aussen rum wie gewöhnliche Touristen. – Und jetzt ist Walter tot.

Ein Clown wollte Walter werden, und eigentlich war er das schon, auf seine eigene Weise. Weise war er auch. – Was daraus noch hätte werden können?!

Wir hatten Träume und erzählten uns davon. Und jetzt ist Walter tot. – Was soll aus den Träumen nun werden, die wir in die Tat umsetzen wollten? Weisst du noch, wie sehr wir auf ein Wunder hofften? Grund zu hoffen, gab es kaum. Aber trotzdem hofften wir. Wir hofften bis zuletzt. Es hätte so gepasst! Reisende in Sachen Wunder! In England mit Engeln unterwegs: kein einziger Tropfen Regen! Und dann ein Wunder der Genesung? Hatten diese Heilerinnen und Heiler nicht solche Wunder gemeint? Genau solche Wunder? – Mein Gott, wie hätte das gepasst!

Am vierzehnten Juli hat Walter die Welt verlassen. In Frankreich, im Land der Freien, war Fest an diesem Tag, und die Tour, die unser Freund fürs Leben gerne sah – sie erinnerte ihn an die eigenen Radrennfahrer-Jahre – war wieder unterwegs. Eine grosse Etappe mit «grossem Bahnhof» am Ziel.

Ein Fest der Freien fand auch drüben statt, dort nahmen sie Walter in Empfang: «Endlich zurück von deiner Fahrt!» – Von deiner grossen Reise, lieber Freund, mit uns auf dieser Welt. Wie gern wären wir noch Jahre mit dir gereist! Ich bin mir sicher, Rosa, diese Meinung teilst Du mit mir.

Herzlich und in Liebe
Ben

Ein Clown im Himmel

«Im Kino gewesen. Geweint.» Kafka schrieb es – kürzer geht es nicht – in sein Tagebuch.

Auch ich war im Kino. Auch mir ging es an die Nieren: «Oskar et la Dame rose» des Franzosen Eric Emmanuel Schmidt.

Der Film lief im Lunch-Kino in Zürich, an einem Samstagmittag. Und André, unterwegs, stellte mir seine Frage, und der Himmel weinte mit. Es regnete den lieben langen Tag. Es goss aus Kübeln, das Wasser floss in Strömen.

«Was meinen sie, ist der Film zu kitschig, zu süss?», fragte eine Frau vor mir, als sie zur Kinokasse kam. Sie hatte solches gehört. Und der junge Mann, mit leisem Zögern, nickt: «Zu süss für mich, ja, ja.»

Nicht jeder ist ein Kafka, der gern im Kino weint. – Auch Kafka war ein junger Mann. Auch Kafka wurde nicht alt.

Und Oskar und Walter sind auch zu früh gestorben. Walter war ein herzenslieber Freund, und mit Oskar ging ich zur Schule, vor vierzig und ein paar Jahren. Jeder stirbt zu früh für die, die ihn gerne haben.

Margrit, Josef, Kari, Leo, Ursi, Annemarie, Cäsar, Bruno, Beni, Benno, Monika ..., die wir alle einst zusammen in der Schule waren, gaben Oskar die letzte Ehre. Erinnerungen waren da an unsere jungen Jahre ... Nun sind wir fünfzig und ein paar Jahre mehr. Und Walter wäre im nächsten Jahr reife sechzig geworden. Frühling war es, als er von der Krankheit erfuhr, und danach ging es schnell. Im Sommer war es vorbei. Es blieb ihm – zu unserem Glück! – noch so viel Zeit, dass wir von ihm erfuhren, welch schöner Traum aus seiner Kindheit bleibt. – Menschen sterben, Träume leben fort.

Oskar, den ich als Kind schon kannte, hat Musik gemacht, und Walter war ein Denker, Unternehmer und Philosoph. Beide liebten sie das Leben.

Was uns in jungen Jahren in Bauch und Knochen fuhr – «Proud Mary» von «Creedence Clearwater Revival», mit Oskars Elektrobass – erklang von der Orgel, als wir Abschied nahmen, in den kirchlich heiligen Hallen, und die Engel an den Wänden, an den Säulen und am Dach rockten kräftig mit.

Dann erzählte ein Sängerfreund von Oskars Jahren nach dem Rock 'n' Roll, als er, mit Ehefrau und Kindern, gereift und erwachsen war. Dem Redner ging es nah, die Stimme brach, er setzte ab, er musste sich wieder fassen.

Es war mir nicht anders ergangen, als ich bei meinem Freund, nur ein paar Wochen davor, auch selbst das Wort ergriff. Ich habe dort erzählt, wie ich Walter kennenlernte. Wie wir ihn kennenlernten, ihn und seine Frau. «Post Scriptum», sagte ich, «jetzt weiss ich, was das bedeutet.» Du schreibst dem Toten hintennach, was du – er ist ja nicht mehr da – ihm nicht mehr sagen kannst: Jetzt weiss ich, lieber Freund, wie du das meintest, als du vom Träumen sprachst.

Du hast vom Traum erzählt, den du als Kind schon hattest. «Jetzt ist die Zeit dafür da», hast du gesagt. «Ein Clown will ich jetzt werden. Ich besuche dafür die Schule und lerne, ein Clown zu sein.»

«Lunch-Kino? Isst man dort den Film?» André sagte

es anders, aber bei mir kam die Frage so an. – Auch André war Walters Freund.

Unsere Wege kreuzten sich an jenem regennassen Tag mitten in der Stadt. André ging zum Essen in sein Lieblingsrestaurant, und ich fuhr zum Lunch beim Film. Ums Essen ging es auch da: Pizzas, Trauer und Glück. Soll ich die Geschichte erzählen? – Nein, das will ich nicht. Wer lesen mag, der lese den Roman. Oder man schaue im Kino den Film.

Nur so viel sei gesagt: Oskar stirbt zu jung, und Rose hat viel gelernt in Oskars Lebensschule. Beide haben gelernt, und beide waren sie Lehrer, und andere waren das auch, Oskars Arzt zum Beispiel. Wäre eine Nadel gefallen in dem magischen Moment – der Arzt mit Madame Rose allein –, wir hätten es gehört. Das Wunder, das an diesem Ort zu dieser Zeit geschah, wiederholt sich Tausende Male, wann und wo auch immer Menschen im Kino sind. Menschen, Geschichten und Film. Der Film vor deinen Augen, der Film auch in dir drin.

«Lunch-Kino? Isst man dort den Film?» – Jetzt würde ich zu André sagen: Nicht essen kannst du ihn, aber trotzdem ist die Geschichte Nahrung für die Seele.

«Es war ein schener Film, viele Leite haben geweint», sagt der Mann vor mir zu seiner Frau, und er hält ihr die Türe auf. Der Mann ist alt und nicht von hier, wie seine Sprache zeigt.

Der Mann von hier weint auch, aber er tut es mehr im Stillen.

Und der Mann von hier stellt sich eine Frage: Ob das jetzt Zufall war, dass ich André begegnet bin? «Mal schauen», sagte er, «wo wir uns wiedersehen, wir sehen uns bestimmt.» Und beide dachten wir, dass einer die

Fäden zieht im Himmel zu unser beider Glück.

Und nun will ich es doch noch sagen, was magisch war an dem Moment im Film: Rose, die gute Seele, hat Tag und Nacht gewacht, als es zu Ende ging. Nur ein paar Minuten, für einen Kaffee, war sie weg, und Oskar ist gegangen. Und Rose ist tief betrübt, und der Arzt spricht weise Worte, berührend und erschütternd, passend zum Moment: «Nicht Sie über ihn. Er, liebe Rose, hat über Sie gewacht.»

Und dann, am anderen Tag, stelle ich mir die Frage: Wenn alles anders ist? Kein Himmel, kein Wachen, rein nichts? Nur Hier und Jetzt, Geburt und Tod und Ende? Mir fällt es auch in diesem Fall nicht schwer, weil ich der Erzähler bin, eine passende Antwort zu finden: Die Schule für den Clown, ist sie nicht im Himmel, dann muss sie auf Erden sein. Ein Clown, in seiner Schule, hat jetzt ausgelernt.

Ein Clown, mein lieber Freund, warst du schon hier und immer. Was haben wir gelacht, wenn wir zusammenkamen, du und deine Frau und meine Frau und ich! Und wenn wir wieder lachen, lachst du im Himmel mit.

4.

Liebe Rosa

Zu meiner vierten Geschichte: Muss ich dazu noch etwas sagen? Soll ich wirklich, oder soll ich lieber nicht? Die Geschichte spricht für dich. – Meine Finger sind schneller als der Kopf. Für sich, wollte ich sagen. Die Geschichte spricht für sich. Für Dich aber spricht sie auch. Du weisst, dass es genau – so – war, wie ich es erzähle. Gut, warst du dabei!

Aber klar, warst du dabei. Ohne Dich gäbe es die Geschichte nicht. Und doch: Du bist meine Zeugin für das, was niemand mir sonst glaubt: «Keeps me searching for a heart of gold and I'm getting old ...», Neil Young.

Lies bitte, dann weisst Du, was ich meine.

Gut, warst du dabei, so kannst du meine Zeugin sein, und niemand denkt: Aber diese Geschichte ist zu schön, als dass er sie wirklich erlebte. Den Schluss zumindest hat er sich erdacht.

Du weisst, Rosa, dass sich auch der Schluss genau so ergab.

Herzlich und in Liebe
Ben

Goldenes Licht

Corinne, unsere Nichte, 16 Jahre alt, hat zum Konzert eingeladen. Wir bekommen zu hören, was die fünfzig Burschen und Mädchen, eine Woche lang, zusammen erarbeitet haben. Corinne spielt Flöte, sie sitzt vorne rechts.

Ouvertüre, Suite, Concerto für Horn und Orchester. Jung sind auch die Solisten. Musiker als Beruf ist für die einen der grosse Traum. Und allen macht es Spass. Eine Bühne voll Freude und Hoffnung. Erinnerungen kommen auf, wie ich selbst in jungen Jahren Musikant aus Leidenschaft war. Das ist lange her.

«Golden Light» heisst das erste Stück nach der Pause. Die Komposition ist rhythmisch komplex, das Orchester wird gefordert. Ein Amerikaner ist der Komponist, sein Name David Maslanka. Er habe nebst der Musik noch Philosophie studiert. Jetzt lebe er in Montana und unterrichte in New York. «Golden Light» sei inspiriert von den Spaziergängen des Komponisten in den Wäldern und Baumbeständen von Upper Manhattan, wenn die Sonne am späten Nachmittag durchs Blätterdach auf den beschwingten Wanderer scheint. – So sind die Philosophen, und so sind auch die Künstler. Was Sonne, Wald und Bäume sind, ist ihnen goldenes Licht.

Was mir das Konzert vor Augen führt, sah ich selber auch – doch sah ich es vorerst nicht. Es war an einem Sommertag, im Allgäu im letzten Jahr. Wir kamen am Samstag in Füssen an und stellten sogleich die Frage, was vorzukehren wäre, damit wir am Montagmorgen das Schloss besuchen könnten.

Das sei kein Problem, meinte der Mann am Empfang. «Wenn Sie nach dem Frühstück hingehen, erhalten Sie Ihre Tickets, und Parkplätze gibt es genug.»

Der Mann hatte keine Ahnung, war schon lange nicht mehr da. Der Parkplatz war zum Brechen voll, und als ich an die Kasse kam, nach fast zwei Stunden in der Schlange, ging es um die letzten Tickets. Am Abend kurz nach fünf startete unsere Führung. – Das Warten lohnte sich, mehr als wir es ahnten.

Die Zeit, bis wir an die Reihe kamen, verbrachten wir mit Bummeln, bei Kaffee und Kuchen, fern vom grossen Rummel. Und am Abend, dachten wir, würde es dann ruhig sein im und um das Schloss. Auch Touristen, waren wir der Meinung, gehen irgendwann nach Hause.

Doch es kam anders als gedacht: Touristen über Touristen! Sie strömten unverändert stark. Im Pferdewagen, im Bus oder zu Fuss wie wir. Hin und her und hin und her, Tag für Tag, jahrein jahraus, ständig und für immer, den Berg hinauf und hinunter. Nicht auszudenken, was da wäre, gäbe es Neuschwanstein nicht.

Ein kühles Bier liegt auch noch drin, wir sind bei Zeiten da, im Gasthaus nah beim Schloss. Und oben angekommen: «Grandios!» «Herrlich!» «Wunderbar!» Wie würde es innen erst sein?! Wir warteten gespannt, bis die Gruppe, zu der wir gehörten, aufgerufen wurde.

Die Frau vom Morgen war auch wieder da, sie und ihre Tochter. Wir grüssten hin und zurück.

«Wo waren Sie? Was haben Sie den ganzen Tag gemacht?»

«War schön, wir haben es genossen. Und Ihr Mann?»

«Ach nein, für den ist das nichts. Er ist glücklich bei den Pferden.»

Ihr Mann, wie meine Frau, schaute gelegentlich vorbei, als wir, die ersehnten Tickets vor Augen, geduldig in der Schlange standen. «A Wahnsinn!», war sein Kommentar, und dabei hatte er recht. Ein Wahnsinn wie so viele. Ein Wahnsinn wie das Schloss. – Ein Traum ist Stein geworden, und viele träumen ihn mit. Gold, Stuck, Kitsch, im Thron- und Sängersaal, und dann der Blick ins Freie. – Keine Frage, jetzt ist klar, weshalb der König von Bayern sein rätselhaftes Schloss auf diesen Felsen baute. Seen, Wiesen, Wälder – Berge, weite Sicht – perfekte Harmonie, die nichts zu wünschen lässt. Und zur anderen Seite eine tiefe Schlucht und darüber eine Brücke.

«Waren Sie auch auf der Marienbrücke?», fragte meine Bekannte vom Morgen. «Da müssen Sie unbedingt hin.»

Die Frau hat nicht zu viel versprochen, die Sicht von der Brücke war prächtig. Und dann der Abstieg erst!

Über Treppen und auf schmalem Pfad hinunter durch die Schlucht. Wir staunen und geniessen. Auf halbem Weg wird das Bachbett unvermittelt breit. Das Wasser rauscht, wo es noch weiter oben und wieder weiter unten durch die Enge der Felsen donnert. Am Wasser sitzt ein Kind, mit Mutter und Vater zusammen. Sie spielen mit den Steinen. Sie stauen das Wasser und lassen es wieder fliessen. So haben es auch wir selbst mit unseren Söhnen gemacht. Das Spielen mit den Steinen und mit dem Wasser im Bach macht halt einfach Spass. Ich setze mich hin und schaue. Meine Frau bleibt ein Stück zurück. Was ist dort los? Was sieht sie bloss? Etwas Besonderes erkenne ich nicht. Ich warte, warte, warte. Sie schaut und schaut und schaut, die Kamera in der Hand. Die Zeit ist vorgerückt.

Was bleibt sie dort noch stehen? Genug, wie es mir scheint, hat sie noch lange nicht. Sie macht Bild um Bild um Bild und zeigt mir nach einer Weile, um was es dabei geht. Hoch oben strahlt ein Fels, von der Sonne angeschienen, zu uns herab in die Schlucht. Das Wasser bewegt den Spiegel mit fernem Abendlicht. – Steine im goldenen Fluss.

Wir blieben lang, wir kamen spät zurück. Es war schon beinah Nacht, und der Parkplatz war jetzt leer.

Unser Glück, an diesem Tag an diesem Ort, war der Touristenstrom ohne Ende, das lange Warten am Morgen und der Gang zur späten Stunde durch die tiefe Schlucht.

Und als wir beim Abendessen sassen, fiel mir noch etwas ein: wie der Tag beim Frühstück begann. Im Hintergrund, ganz leise, erklang «Heart of Gold» von Neil Young.

5.
Liebe Rosa

«Heiliges Land» heisst die fünfte Geschichte. Ist es nicht verrückt, was dort immer wieder geschieht?! Warum, warum, warum?

Warum an diesem Ort? Warum Jahrzehnte oder sogar Jahrhunderte lang? Hatten sie schon einmal Frieden? Echten Frieden, nicht nur Waffenstillstand? Weshalb tun sich Menschen so viel Unheil an im sogenannt Heiligen Land?

Was meinst Du, ob wir noch genug lange leben, um in Friedenszeiten durch Israel und Palästina zu reisen?

Man sagt: Die Hoffnung stirbt zuletzt. Wer hier zu hoffen wagt, ist ein unheilbarer Träumer. Aber was sollen wir anderes machen? Träume sind nie realistisch. Geben wir dem Frieden eine Chance, wider jede Vernunft! – Warum sollten wir vernünftig sein? Sind die anderen denn vernünftig, die Krieg und Terror verbreiten? – Vernünftig ist in diesem Fall, wer keinen Ausweg sieht und die Gewalt als gegeben erachtet.

Also seien wir unvernünftig, Rosa, und wagen wir zu träumen vom Frieden im Heiligen Land! Wagen wir zu träumen von Israelis und Palästinensern, die miteinander tanzen!

Erinnerst Du Dich an unsere Reise durch Irland? Wir waren auch im Norden, wo ein paar Jahre zuvor noch Bombenterror herrschte. Was in Irland geschah, hielt man nicht für möglich, und trotzdem ist es geschehen. Die Erzfeinde von einst regieren zusammen ihr Land. Von einer irischen Grenze war kaum mehr etwas zu sehen. Und auch in den Köpfen und Herzen weichen sich allmählich die harten Grenzen auf. Auch wenn die Fahnen, die über den Strassen wehen, da noch anders sind als dort, so machen sie miteinander Geschäfte.

Warum also sollte, was in Irland geschah, nicht auch im Heiligen Land geschehen?

Und weisst Du, Rosa, weshalb ich vom Tanzen rede und in der Geschichte von Joschka Fischer? Erinnerst Du Dich an das, was in Tel Aviv geschah, als Deutschlands Aussenminister auf Staatsbesuch dort weilte. Es war, wenn ich mich recht entsinne, im Jahr 2001. Es war vor 9/11. Es muss davor gewesen sein. Danach ging gar nichts mehr, die Welt war paralysiert.

Und Tanzen sage ich, weil es in einer Disco geschah. Ein Selbstmordattentäter sprengte sich in die Luft. Mit ihm starben zwanzig Menschen und über hundert wurden verletzt. An einem freien Freitagabend, als sie feiern gingen. Musik, Party, Tanz. Die Jungen in Israel sind nicht anders, als unsere Jungen sind. Sind auch Söhne und Töchter. – Waren es und kamen nicht mehr nach Hause.

Und Feiern sage ich. Feiern in Tel Aviv. Feiern auch in Ramallah. Zwei, drei Wochen ist es her, seit ich in der Zeitung las – im Feuilleton, nicht beim Politischen –, dass Ramallah in der Westbank, im Kern von Palästina, eine Partyszene kenne, die unseren Städten in nichts nachstehen würde.

Die jungen Frauen und Männer, die abgebildet waren, sahen aus wie die Jungen bei uns.

Und Joschka Fischer also: Als der deutsche Aussenminister kaum angekommen war, ging die Bombe hoch, nur ein paar Strassen weiter. Fischer nahm es in die Hand, und er reiste hin und her zwischen Arafat und Scharon, und am Ort des Attentats legte er Blumen nieder. «Friedensvermittler per Zufall», hiess es bei uns in der Zeitung. – Und hier, in meiner Geschichte, setzt sich seine Vermittlerrolle fort. Warum sollte er das nicht schaffen?! – Wenn einer in Turnschuhen und im groben Stoff, nicht im feinen Anzug, Minister in Hessen wird und ein paar Jahre später in Deutschlands Regierung sitzt, dann gelingt ihm, mit gütiger Hilfe des Glücks, auch der Frieden im Nahen Osten! Und wie gesagt: Wer träumen kann, darf hoffen. Und dann reise ich mit Dir, vielleicht in zwanzig Jahren, durch ein friedliches Heiliges Land. – So lange haben wir noch Zeit. – Und wenn wir in Ramallah sind, gehen wir mit den Jungen tanzen. Oder vielleicht in Gaza am Strand.

Herzlich und in Liebe
Ben

Heiliges Land

Ein Schriftsteller in der Schweiz hört vom Kollegen Mankell. Er sei auf grosser Fahrt ins Heilige Land, statt in Zürich am Montagabend, wie geplant, aus dem neuen Buch zu lesen. Ein Schiffskonvoi nach Gaza Stadt, um weltweit aufzurütteln.

Schaut her, welch himmelschreiendes Unrecht, wenn Menschen Menschen knechten, eingesperrt in ihr Land!

Neun Tote und ein paar Dutzend Verletzte sind das traurige Resultat. Soldaten des Staates Israel hätten die Schiffe geentert, weit draussen auf offenem Meer. «Ein Piratenakt in internationalen Gewässern», heisst es in der Zeitung, und dass Israel jedes Mass verloren hätte. Der Kern des Angriffs traf die «Mavi Marmara», ein Istanbuler Fährschiff. Die Empörung in der Türkei ist gross. Man hat einen Freund verloren, den letzten in der islamischen Welt, der Brücken zu bauen vermochte. Welch bittere Ironie!

Und der Autor aus Schweden? – Er fuhr auf einem Schiff, das den Namen «Sofia» trägt, was Wissen und Weisheit bedeutet. Der Schriftsteller und seine Friedensstreiter sitzen in Israel in Haft, zum Schweigen fürs Erste verdammt, derweil die Politiker reden. Sie erklären, was nicht zu erklären ist: Tote auf humanitärer Fahrt! Man zweifelt am Verstand.

Und der Schriftsteller in der Schweiz redet sich gut zu: Ob jetzt die Zeit für seine Geschichte kommt, die er vor Jahren schrieb? «Bill Clinton, Ex-Präsident – Ein überfälliger Wutausbruch» wurde im Tages-Anzeiger in jener Zeit getitelt. «Mr. Bill» – ansonsten charmant, jovial und gefasst – hatte die Fassung verloren. Er bellte den Interviewer vor laufenden Kameras an. Der Frager war ein Mann aus der Fraktion der Gegner, am Gespräch nicht interessiert. Vorwürfe waren ihm genug, er provozierte gern. Sein Ziel hat er erreicht, und Clinton rastete aus. Er bellte laut und gab einem Hund seinen Namen.

Und einer, wie gesagt, fuhr also ins Heilige Land, und der andere blieb zu Hause und schrieb da seine Geschichte: Brigitte Bardot ist alt geworden. Ihr Leben lang hat sie gekämpft für die geschundene Kreatur im viel zu engen Käfig. Um die Tiere ging es ihr bis jetzt, nun geht es um die Menschen. Sie geht auf grosse Fahrt. In Frankreichs Süden bricht sie auf, ihr Kreuzzug ins Heilige Land. Mit Käpt'n, Koch und Schiffsmannschaft fährt sie hinaus aufs Meer. Ihr Gockel, Chirac mit Namen, kommt auf die Reise mit. Sie hat ihn gerettet vor dem Beil. Er sollte geschlachtet werden, weil er nicht mehr kräht. Nur heiseres Krächzen bringt er noch zustande, und auch seine Schönheit ist nicht mehr, was sie einmal war.

Und wie es bei den Tieren ist, sie brauchen kein Handy, keine E-Mail und keinen Funk. Sie wissen es klar und bestimmt, wenn eine Aufgabe sie ruft. So hört ein Adler in Deutschland eine Stimme, der er folgen muss. Der Adler fliegt weit, und er fliegt hoch, und was er sieht und hört, lässt ihn dann erzählen. Chirac, dem Hahn, erzählt er seine Geschichte, nachdem er das Schiff der Bardot auf hoher See erreicht.

Der gallische Hahn und der deutsche Adler erzählen sich ihre Geschichten, und Freunde sind sie auch.

Das Schiff der Bardot macht an Orten Halt, wo der Schriftsteller selbst schon war: Auf Korsika am schneeweissen Strand, in Sizilien am Vulkan und in Kreta bei der Höhle, wo Göttervater Zeus als Baby Zuflucht fand.

Unterwegs kommen andere Tiere hinzu, die ihre Geschichten erzählen. Draussen auf dem Meer ist es ein Delfin, der herumkommt zwischen den Inseln im griechisch-türkischen Meer. Er erzählt, wie die Männer tanzen. Sie tanzen in der Taverne, und sie tanzen in der Tekke. Die einen suchen im Drehen ihren Gott, und die anderen spüren, wie ihnen das Herz aus dem Leibe springen will. Aber eigentlich, meint der Delfin, tanzen sie alle das Gleiche.

Dann legt die Bardot in Zypern an, und am Hafen kommt ein Esel mit dem Hahn auf dem Schiff ins Gespräch. Er erzählt von den Winterwochen, wenn es keine Touristen gibt und keine Koffer, Taschen, Lasten, die er trägt. Er hat den ganzen Winter frei. Dann ist er unterwegs auf dem Hof seines Herrn und Bauern, dem Grenzzaun entlang, der die Menschen auf der Insel trennt. Er erzählt von den Lücken und Löchern, die der Zaun da und dort schon hat. Sie sind schon gross genug für Mäuse, Hasen, Ratten, für Hunde und für Katzen – für den kleinen Grenzverkehr, im Stillen und in der Nacht. Nur für die Esel und für die Menschen sind die Lücken im Zaun noch zu klein.

Und dann ins Heilige Land, um das so viele kämpfen. Auch da ist die Bardot bekannt, und man weiss, was sich gehört. Einer schönen Frau schlägt man den Herzenswunsch nicht ab. Auf den Tempelberg in Jerusalem will sie fahren. Man eskortiert sie hin.

Und einer wittert seine Chance, wieder einmal im Blitzlichtgewitter zu stehen, wie er es vor Jahren genoss. Fischer heisst der Mann. Jetzt ist er ein Bote zwischen Ost und West in dieser Stadt, wo sie West und Ost regieren. Diplomat ist er geworden, gealtert und gereift, der weiss, wie es mit den Städten ist, die Mauern und Zäune trennen.

Wär's nicht schön, denkt er, sein Bild weltweit wieder einmal ausgestrahlt zu sehen? So richtet er es ein, dass sein Gefährt den Konvoi der Bardot und ihres Presseanhangs kreuzt, und es geschieht, was unvermeidlich ist, und anderntags wird getitelt: «Mit Joschka auf dem Tempelberg». Und über allem, was niemand sieht, zieht ein Adler seine Kreise. Zwei Adler sind es jetzt geworden. Der eine, der über die Alpen kam, und der andere – *die* andere, um es richtig zu sagen – gestartet zur gleichen Zeit im fernen Hindukusch. Am Ort ihrer Bestimmung sind sie angelangt, um zusammen im Kreise zu drehen und die Menschen da unten einzubinden, worin sie eingebunden sind. Sie drehen, drehen, drehen im Kreis und um die Mitte.

Und im Bericht, den die TV-Stationen senden, ist ein leises Bellen im Hintergrund zu hören. Kaum wahrnehmbar für den, der die Geschichte nicht schon kennt. Bill ist es, Mr. Bill, Joschkas Hund, der laut polternd seine Meinung kundtun will. Er muss im Auto warten, weil bellende Hunde und Diplomaten nicht zusammenpassen.

Das ist die Geschichte von einst. Die Zeit dafür ist reif, aber sie ist noch nicht zu Ende.

Mir scheint, dass am Hafen von Haifa noch eine Szene folgt, wie die Bremer Stadtmusikanten: Ein Esel, ein Hund, eine Katze und ein Hahn, von hüben und drüben der Grenze, die heulen, schreien und krähen, dass es Gott erbarmt – und die Mauern von Jericho fallen.

6.

Liebe Rosa

Wir waren in Paris und haben beim Griechen gegessen, im Quartier Latin.

Souflaki und Tzatziki, Moussaka, Feta und Choriatiki Salata munden nicht nur in Kreta, in Korfu oder in Athen. Mich erinnert es jedes Mal an unsere erste Reise.

Weisst Du noch, als wir jung waren? Es durfte nicht viel kosten. Wir waren noch Studenten und hatten wenig Geld. Ein Flug war damals teuer.

Weisst Du noch? Die Überfahrt von Brindisi nach Patras und davor die lange Fahrt im Zug? Drei Tage unterwegs.

War das ein Fest, als das Schiff endlich fuhr! Eine griechische Fähre war für uns die Rettung, weil die Italiener streikten. Und dann wir jungen Leute oben auf dem Deck – mit Wind, Musik und Sonne! Du erinnerst dich bestimmt.

Und weisst Du noch, was uns Marita fragte, als sie uns nach der Reise wiedersah: «Warum Paris?», hat sie gefragt. «Ohne Grund fährt man nicht nach Paris.»

Mich hat die Frage erstaunt. Du fliegst nach London, Wien, Berlin, Barcelona oder Kopenhagen, und niemand fragt warum. Du machst einen Städtetrip ... Für Paris aber brauchst Du Gründe.

Hatten wir einen Grund? – Ja, wir hatten einen, auch wenn wir ihn nicht kannten. Die Freude an der Reise war uns fürs Erste genug. Alles andere war Zugabe. Lies bitte meine Geschichte Nr. 6, dann weisst Du, was ich meine.

Aber eigentlich kennst Du die Geschichte ja schon. Ich weiss noch genau, was Du sagtest, als ich sie Dir zu lesen gab. Eine neue Qualität hast du in «Kaiserwetter» und schon in «Schwein gehabt» erkannt. Humor hast Du sie genannt.

Herzlich und in Liebe
Ben

Kaiserwetter

Kaiser Wilhelm sei der erste Medienstar gewesen, sagt man. Der Erste, der sich medial in Szene setzte. Für Film und Foto war in seiner Zeit das beste Licht nur gut genug, weil die Technik noch in den Kinderschuhen steckte. Heute ist das anders. Macht die Sonne einmal nicht, was der Reisende gerne hätte, dann hilft ihm Photoshop, weil sich die digitalen Bilder nachbearbeiten lassen.

Aber eigentlich verstehe ich von all dem nichts. Meine Frau macht bei uns die Fotos, und sie ist gut darin. Erzähle ich trotzdem von Fotos und von Photoshop, dann tu ich das, weil es zur Geschichte passt.

Wir waren anfangs März für ein paar Tage in Paris. Wie Majestäten kamen wir uns vor beim Gang über die Boulevards, auf den königlichen Plätzen, vor der mächtigen Ehrenhalle und den prächtigen Palästen. Zwei Majestäten vom Land auf der Reise durch die Zeit.

Was vor Jahr und Tag des Volkes Blutzoll war, ist heute einfach schön, ein Magnet für Millionen von Touristen.

Auf dem Eifelturm fuhren wir nicht, denn am Boden war es schon bitterkalt. Wir und all die Leute, die hier wohnen in der Stadt, liefen, der Märzen-Sonne zum Trotz, mit Mütze und mit Schal, in Mänteln und warmen Jacken, mit zügig schnellem Schritt. Zum Flanieren war es nicht. Zu früh in diesem Jahr mit seinem langen Winter. Es war das Wochenende mit dem letzten Schnee, zu Hause bis ins Tal. Kalt war es hier wie dort, aber wir hatten besseres Licht. Bei uns herrschte Kaiserwetter.

Es versprach uns schönste Bilder.

Den Louvre nahmen wir uns vor am dritten Tag: Mona Lisa schauen. Wir waren fast schon da, aber trotzdem kam es anders. Dem Metro-Untergrund entstiegen, spürten wir die Sonne im Gesicht, und uns beiden wurde klar, dass wir trotz der eisigen Kälte lieber draussen bleiben würden. Mona Lisa wäre bei einem nächsten Besuch in einem nächsten Jahr, bei Regen oder Schnee, noch da. Mona Lisa würde warten.

Über «Concorde», «Etoile» und ein paar Stationen weiter langten wir, eine halbe Stunde später, draussen in «La Défense» an. Die Monarchen an diesem Ort, die hoch und höher bauen, dass einer den anderen überragt, heissen De Gaulle, Mitterand, Chirac und neuerdings Sarkozy. Himmelragend, glänzend schön – Glas, Beton und Stahl – Paläste für unsere Zeit.

Alle sind sie da, die im modernen Bauen Rang und Namen haben. Tempel und Kathedralen, heute nicht anders als einst, um der Macht die Ehre zu erweisen. Und Spiegel über Spiegel, und die Sonne mit ihrem Licht spielt ihr Spiel darin. Es ist überwältigend schön.

Mit Fahnen, Pauken und Trompeten zieht ein bunter Zug vorbei, eine Hundertschaft mal drei. Vorne, hinten und zur Seite laufen sie im Spiegel mit. Sie rufen Parolen, die wir nicht verstehen.

Die Gedanken dazu sind frei. Was ihre Klage ist und Wut über die Macht und Gier im Turm, ist uns zu dieser Zeit an diesem Ort Farbe, Rhythmus und Klang.

«La Grande Arche», die Arche, heisst der grosse Bogen. Zwei Wohntürme und darüber und dazwischen ein Dach, mit einem Restaurant, mit einem Museum für Computer und einer Galerie für die Kunst.

Der Lift fährt uns hinauf. Der Wind beisst im Gesicht. Wir lassen es uns trotzdem nicht nehmen, ab der Plattform im Freien in die Stadt hinein zu schauen. Mein Blick trifft in der Ferne, weit hinten und ganz klein, auf einen anderen Bogen, der in einer anderen Zeit einem anderen Herrscher ein Zeichen des Triumphes war. Von hier nach dort, in gerader Flucht, verläuft eine Strasse, ein Boulevard, mit Autos ohne Ende, Verkehr ohne Unterbruch.

Die Galerie bietet zweierlei an. Zum einen sind es Stadtansichten in Acryl, farbig schrill, schon fast abstrakt, und zum anderen geometrische Formen, mit denen etwas nicht stimmt. Ich greife nach einer Brille für den dreidimensionalen Blick. Jetzt erst ergibt, was die Bilder zeigen, Sinn.

Ich gehe hin und her, mache Schritte vor und zurück. Das Bild kommt mir entgegen, das Bild kommt mit mir mit. Es ist im Raum, und trotzdem bleibt es flach, wenn ich meine Brille über die Augen hebe. Ich übe – und weiss noch nichts davon – für das, was ich die Woche drauf in Zürich im Kino erlebe.

Zürich, «Avatar», 3D. Meine Frau hat es empfohlen. Sie war von den Bildern begeistert: Ein Paradies! Ein Wunder der Phantasie! Sie kam gleich nochmals mit, das liess sie sich nicht entgehen.

Doch es kam anders fürs Erste, ein Genuss war es wahrlich nicht. Die Frau an der Kasse empfahl uns Plätze vorne rechts, für die bessere 3D-Sicht. Sie sagte jedoch auch, dass die besten Plätze – schon verkauft – in der vorderen Mitte wären. Wir nahmen, was es noch gab, und der Film begann, und damit begann der Ärger.

Das sollte es nun sein, wovon so viele schwärmten?! Paah, 3D! Viel Geschrei um nichts! In Zukunft darf es wieder, wie es immer war, die flache Leinwand sein. Die Tiefe ist in mir.

Für mich war die Sache gelaufen, für meine Frau war es das noch nicht. Sie wusste, wie es wirklich war, sie hatte es schon gesehen. Sie suchte andere Plätze auf, aber auch da waren die Bilder verschwommen, blieben die Bilder verzerrt. Und in der Pause machte meine Frau ihrem Ärger Luft. Da stimme doch etwas nicht, und dabei hatte sie recht. Der Mann am Eingang, mit einem kurzen Blick und einem kurzen Griff, hielt uns zwei Brillen hin, die richtig wären hier. Unsere Brillen passten für das andere 3D-Kino am anderen Ende der Stadt. – Falsche Brille am falschen Ort, was falsche Sicht bedeutet.

«Avatar» dann nach der Pause: Nun war die Sicht perfekt, die Geschichte jedoch nicht. Der Kampf war voll entbrannt, die Bösen gegen die Guten. Nichts Neues. Alles längst bekannt, ob 3D oder flach. Krieg, Verwüstung und Tod. Und der Mammon als oberster Gott, und das Paradies, Pandora geheissen, weit weg im fernen All.

Die Guten siegen – wie könnte es anders sein – und trotzdem bleibt es, wie es schon immer war, dass nur die Auserwählten in den Pandora-Himmel gelangen. Die Bösen ziehen ab, derweil ich mich entschliesse, mir den ersten Teil, den ich verschwommen sah, in Klarsicht noch anzuschauen. Der erste Teil – entschied ich mich – wäre der wahre Genuss. Drei Tage später fuhr ich noch einmal hin. Was ich nun sah – erlebte dank 3D –, war überwältigend schön: Eine Welt in nie gesehenen Farben und in ungeahnter Form.

Und so wurde mir erlaubt, dank einem Missgeschick, das Paradies zu schauen, wie es nach dem Schlachtgetümmel war – leuchtend, strahlend, gänzlich unversehrt.

Paris – Paradies, wie ähnlich es doch klingt!

In Paris waren meine Frau und ich nun das zweite Mal. Unser erstes Mal liegt dreissig Jahre zurück. Es hat geregnet damals, drei von vier Tagen am Stück.

7.
Liebe Rosa

Schwein gehabt in München! Zweimal waren wir bis jetzt in dieser Stadt und einmal kurz auf der Durchfahrt. Das erste Mal im Winter 2008. Um Mitte Februar war es, zur Zeit der alljährlichen «Münchner Sicherheitskonferenz».

Das war aber Zufall. Von der Konferenz wussten wir nichts im Voraus, und auch vor Ort war nicht viel vom Konferenzgeschehen zu sehen. Die prominenten Teilnehmer blieben unter sich. Der Tagungsort wurde grossräumig abgesperrt. Was wir aber sahen, war eine Tausendschaft von Polizisten, und was wir miterlebten, waren die Demonstrationen auf dem Marienplatz.

Deutsche Truppen im Ausland! Für die Protestierenden war es Kriegstreiberei, und für die Geostrategen im «Bayerischen Hof» eine schlichte Notwendigkeit. Aber davon verstehe ich wenig, und um das geht es mir nicht. Es gehörte einfach dazu, zu unseren Tagen in München: Polizisten über Polizisten.

Auf dem Platz waren die Protestaktionen erlaubt. Sobald sich aber ein Zug von Demonstranten formierte, um in Richtung Konferenz zu marschieren, griffen die Ordnungshüter ein. Wir fühlten uns sicher. Wir waren Touristen am Puls der Zeit, derweil um ein paar Ecken Weltpolitik geschah.

Und mir kam in den Sinn dabei – und ich habe auch Dich daran erinnert –, dass wir in jungen Jahren auch Demonstranten waren. Im Frühling 1982 in Bern. Da gingen wir Hand in Hand an der amerikanischen Botschaft vorbei, um die Welt zu retten. War das ein Erlebnis für uns!

Sag, Rosa, das war es für Dich doch auch?! Eine Menschenkette, kilometerlang. Was für ein schönes Bild! Und ein gutes Gefühl dabei. Mit Tausenden Menschen verbunden, und alle mit dem einen gleichen Gedanken: Nie wieder Krieg! Natürlich hatten wir auch Angst. Wir fürchteten, der kalte Krieg könnte ein heisser werden. An diesem Tag aber, Rosa, herrschte die Freude vor. An diesem Tag waren wir so stark! – Und vielleicht haben wir ja wirklich einen Beitrag dazu geleistet, dass ein paar Jahre später der Eiserne Vorhang fiel. – Aber heute kommt es mir nicht mehr darauf an, ob es so oder anders war. Hauptsache, der Vorhang ist weg.

Und weisst Du, an was ich mich auch noch erinnere? An Ina Deter erinnere ich mich gern, die auf dem Bundesplatz, am Ende des Umzugs, sang. Sie rief oder schrie es mehr: «Neue Männer braucht das Land!»

Aber wie gesagt: Das mit der Konferenz war Zufall. Kein Zufall war aber Dachau, da wollte ich unbedingt hin. Ich sagte es schon zu Hause, und Du warst einverstanden. Wir waren beide noch nie an einer Gedenkstätte des Holocaust gewesen – oder der Schoah, wie die Juden sagen. Ansonsten liessen wir uns überraschen. Wir liessen unseren Füssen freien Lauf, und so kamen wir am ersten Tag an einem kleinen Museum vorbei. Im Stadttor, zuoberst im Turm, wurde an Karl Valentin und Liesl Karlstadt erinnert. Filme, Fotos, Texte und Requisiten. Das machte Spass, und Weisheit, zu meinem Erstaunen, fand ich auch.

Zwei Sprüche habe ich entdeckt. Ich notierte sie mir, damit ich sie nicht vergesse. Valentin der Weise sprach: «Mögen hätten wir schon wollen – aber dürfen haben wir uns nicht getraut!» Und: «Es ist schon alles gesagt, nur noch nicht von allen.» – Und so halte ich es jetzt mit Valentin und sage kurz und knapp: Alles schon gesagt, nur noch nicht von mir.

Und wie gesagt: Dachau war kein Zufall. Karin Birnstiel hiess die Frau, die uns durch die Gebäude und über das Gelände führte. Erinnerst Du Dich an sie? Was sie zeigte und erzählte, ging über das hinaus, was ich erwartet hätte. Sie muss eine Jüdin sein, dachte ich, mit diesem Namen. Eine Verwandte vielleicht von Menschen, die im KZ umgekommen waren? Das war sie aber nicht. Ich stellte ihr die Frage nach dem Namen, als wir nach dem Rundgang und nach dem erschütternden Film noch ein paar Worte mit ihr sprachen.

Frau Birnstiel kam uns nah. Sie berührte uns mit dem, was sie uns erzählte. Einen Packen Fotos hatte sie auch dabei, ein paar davon zeigte sie uns: Bilder von Überlebenden des KZ, die Jahre später sich am Ort des Grauens wieder trafen. Frau Birnstiel wurde traurig, als sie auf Menschen zeigte, die inzwischen verstorben waren. Sie hatte mit diesen Menschen an diesem Ort, bei deren Wiederkehr, viel Schmerzliches, jedoch auch Schönes erlebt. Es entstanden Beziehungen daraus, die sie und diese

Menschen über Jahrzehnte pflegten. Aus Überlebenden wurden Freunde.

Ein Bild vergesse ich nie: Frau Birnstiel selbst, wie sie tanzt mit einem Mann, der als Kind das KZ überlebte. Ein Geschäftsmann in Ungarn sei er geworden, und oft seien er und seine Familie nach Dachau zurückgekehrt. – Was mich berührte, als Frau Birnstiel von diesem Mann auf dem Bild erzählte, war der Umstand, dass sie strahlte. – Aber was sage ich Umstand, so banal. Strahlen ist in diesem Fall ein Wunder.

Dann hatte sie auch noch Fotos von der Gärtnerei dabei, in der die KZ-Insassen Kräuter und Blumen pflanzten. Die heutige Stadtgärtnerei liege in der Nähe, es sei nicht weit von hier. Wenn wir Zeit hätten, meinte sie, sollten wir auch dort noch vorbeischauen, wo die Gefangenen arbeiten mussten.

Die Gärtnerei, mit Plantagen und mit Gewächshäusern – allesamt verfallen und verbuscht –, war Frau Birnstiel ein Anliegen, das spürte man. Das Gelände dort liege seit Jahrzehnten brach, sagte sie, man wisse nichts damit anzufangen. Kommerziell nutzen wolle und könne man es nicht, aus Gründen der Pietät. Was man sonst damit machen könnte, werde diskutiert. Ideen seien da, aber nichts davon konkret.

Was meinst Du, Rosa, ob wir in nächster Zeit wieder einmal nach München fahren? Dann planen wir Dachau noch einmal ein. Keine Führung dieses Mal, sondern ein Gang durch die wilden Gärten.

Oder vielleicht ist inzwischen ja etwas Neues an diesem Ort entstanden? Wir lassen uns überraschen. Und sollte das Gelände noch immer Wildwuchs auf Ruinen sein, dann träumen wir das Neue. Ich für meinen Teil sage dir schon jetzt, dass mein Traum in diesem Fall mit den Menschen zu tun haben soll, die mit den Überlebenden tanzten und die mit den Überlebenden weinten. Wer die Erinnerung auf diese Weise pflegt, hat es auch selbst verdient, dass man sich an sie erinnert.

Ein Park ist dann mein Traum, wo Kräuter und Blumen wachsen und da und dort ein Baum. Und einen Ehrenplatz, im Pavillon in der Mitte, erhalten Frau Birnstiel und wie sie heissen, mit Geschichten und mit Fotos, die von der Freude und Freundschaft erzählen, und von den Tränen und von der Trauer.

Komm lass uns träumen, Rosa – und andere träumen mit!

Herzlich und in Liebe
Ben

Schwein gehabt

Viel Glück! Prosit Neujahr! – Meine Frau und ich, wir wünschten Glück dem jungverliebten Paar, das uns, vom Zufall zugeführt, am Silvesterabend sympathische Tischnachbarn waren. Ein feines Essen, fünf Gänge, Champagner und ein, zwei Gläschen Wein, und hinaus dann auf die Strasse, um das Feuerwerk zu schauen.

In München waren wir. Stadtluft zogen wir rein. Kunst, Kultur, Kommerz. Geplant war wenig, Überraschendes hatte Platz. Mit dem jüdischen Museum begann es, wir kamen zur rechten Zeit. Wir wurden mit Bildern belohnt, mit Fotos der besonderen Art.

Prächtige Bilder, alte Bilder, aufgenommen vor etwa hundert Jahren im unheiligen Heiligen Land, im Land der Hoffnung für viele. Amerikanische Christen waren es in diesem Fall, die, ihren Visionen folgend, ihr Heil in Palästina suchten. Mit moderner Technik – modern für ihre Zeit – haben sie Land und Leben bildlich festgehalten, fotografisch dokumentiert.

Die Aufnahmen, im Ursprung schwarz-weiss-grau, wurden kunstvoll koloriert. Das Resultat, vor dem wir standen, liess uns Blicke tun in eine längst verflossene Zeit vor weit mehr als hundert Jahren: Dörfer, Städte, der See Genezareth. Orte, Landschaften, Menschen. Frauen, Männer, Kinder. Esel und Ochs, Kamel und Hund. Bauern, Händler, Fischer, Beduinen. Kleider und Figuren, die wir zur Weihnachtszeit in Kirchen und in Stuben, alle Jahre wieder, in kunstvollen Krippen sehen. Zweitausend

Jahre sind es her und doch sind es Fotos in Farbe – als ob es gestern gewesen wäre.

Ai Weiwei am anderen Tag im Haus der Kunst, eine Ausstellung der Superlative. Riesig, mächtig, imposant. Der Mann richtet mit der grossen Kelle an, die Natur holt er ins Haus. Wurzelstöcke, fünfzig an der Zahl, sind aufgerichtet im mittleren Saal, der das Herz der Ausstellung bildet.

Ich würde gern dazwischen gehen, darunter und darüber. Das darf ich aber nicht, denn ein Kunstwerk ist kein Wald.

Und Kunst auch an der Fassade. Blau, rot, grün und gelb, sechzig Meter lang, in chinesischer Schrift steht geschrieben – nicht dass ich es lesen kann: «Sie lebte auf dieser Welt glücklich während sieben Jahren.» Eine Mutter hat dem Künstler diesen einen Satz geschenkt. Er blieb beim Künstler hängen, er hat ihn inspiriert.

Die Mutter sprach von ihrem Kind, das, als die Erde bebte, in den Trümmern im Schulhaus starb. Mit ihm starben Tausende Kinder.

Und der Künstler sah ein Bild – Schulrucksäcke, verschlissen und verdreckt, auf und in den Trümmern, die Kinder nicht mehr da – und sein Mahnmal entstand daraus: 9000 Schulrucksäcke «made in china», billig, bunt, wie sie Kinder weltweit tragen, hängen in München an der Wand und erzählen mit fremder Schrift vom Glück, das einmal war – vom Glück, das nicht mehr ist.

Ein Künstler hat die Kraft, ein neues Bild zu schaffen, das neue Bilder schafft. Bilder, die Hoffnung machen, auch wenn die Vernunft widerspricht.

Und das Feuerwerk dann am Abend auf der Wiesn, wo Jahr für Jahr im Herbst das Bier in Strömen fliesst.

Wir staunten, staunten, staunten über das dichte Feuerdach, derweil im fernen Hintergrund Bavaria mit Ruhmeshalle im Pulverdampf verschwand.

Und am Neujahrsmittag, in der vom Feiern müden Stadt, ging das Staunen weiter. Was nächtens in den Himmel schoss, mit Knall und Feuergarben, lag jetzt am Boden, war Schrott. Und bei diesem Anblick war uns beiden klar: Wer nicht in Deckung geht, wie wir in letzter Nacht, und nicht getroffen wird, hat einfach Schwein gehabt.

Und dazu mein Horoskop für das neue Jahr: Es versprach mir hoch und heilig, dass dieses neue Jahr mit einem grossen Knall beginne. – Sage keiner mehr, Horoskope hätten nicht recht!

8.

Liebe Rosa

Dass es einen einwandfreien Kessel braucht, wo im Haus das Feuer brennt, wissen wir nur zu gut. Wir waren beide der Meinung, wir hätten etwas Besonderes, etwas besonders Gutes gekauft, als wir bauten. – Und dann das! Ein Debakel war es. Etwas Brandneues fürwahr! Ein Prototyp, der nicht funktionierte. Eigentlich erinnere ich dich nur ungern daran. Und doch ist auch das ein Teil von unserem Leben.

Wir hatten grosses Glück. Wir haben Glück, dass unser Haus noch steht. Was haben wir nicht alles erlebt mit diesem Ofen im Keller! Nicht auszudenken, was hätte passieren können! Aber denken wir lieber nicht daran, nicht mehr. Jetzt ist es gut. Der neue Ofen funktioniert perfekt.

Und weisst Du, wenn ich ehrlich bin, muss ich auch sagen: Ich habe viel gelernt mit diesem Ofen. So gesehen müsste ich fast dankbar sein für den Pfusch von dieser Firma. – Ich weiss, ich übertreibe. Aber Du kennst mich ja, für Erkenntnisse gehe ich weit – und manchmal auch zu weit. Aber im Nachhinein merke ich es immer. Oder siehst du das anders? – Aber ja, ich gebe zu, dass es gelegentlich auch Deine Mahnung ist, die mich umkehren lässt.

Was sagst Du? Du bist überrascht, von mir so etwas zu hören? Weise töne das schon fast? – Man wird ja älter, Rosa, auch der Mann, und, wenn er Glück hat, auch ein bisschen gescheiter. Oder sagen wir: auf jeden Fall nicht dümmer. – Aber ja, auch da, Du hast natürlich recht. Es gibt Dumm-

heiten, die macht man wieder. Aber da ist die Frau ja nicht anders. Gib es zu, Rosa! Gib es zu!

Und trotzdem stimmt es – glaub mir! – vom Ofen im Keller habe ich viel gelernt. – Was sagst Du? Du kennst das alles längst? Das habe ich Dir schon x-mal erzählt? – So ist das halt mit den wichtigen Dingen, die musst du immer wieder sagen, damit man sie nicht vergisst. – Was sagst Du? Ich soll «ich» sagen, nicht «du» und «man»? – Natürlich hast du recht. Natürlich meine ich mich.

Also noch einmal, und danach schliessen wir – richtig: schliesse ich – das Kapitel «Ofen im Keller» ab. Also meine grosse Erkenntnis: Ein grosses Feuer braucht einen starken Kessel, damit es wärmt und nicht zerstört. – Was sagst Du: Nichts Neues für Dich? Auch das weisst Du schon lange? – Dann halt noch einmal von vorn: Mein grosses Feuer braucht einen starken Kessel, mein Feuer der Begeisterung, damit es nicht verbrennt. – Ach Rosa, Du hast so recht. Aber jetzt ist es genug für heute, jetzt gebe ich nichts mehr zu.

Und dann haben wir ja auch noch den anderen Ofen, den in der guten Stube, unseren offenen Kamin. Eigentlich ist er mehr als ein Kamin, er ist die Mitte im Haus. Dieser Ofen hat uns immer Freude gemacht, und er macht uns das auch künftig. Erinnerst Du Dich noch, wie wir ihn an der Baumesse entdeckten. Der Mann, der ihn zum Kauf anbot, war mehr ein Künstler als ein Techniker. Aber sein Produkt hat uns fasziniert. So einfach das Ganze und schön. Eine Birne aus Ton, ziegelrot oder braun gebrannt, fast zwei Meter hoch, und unten, vorne eine kreisrunde Öffnung für das Holz und oben, als Stiel der übergrossen Frucht, das Rohr in den Kamin, durch das der Rauch abzieht.

Wobei: Rauch gibt es nicht mehr viel, seit wir die neue Art, ein Feuer anzuzünden, kennen. Das, liebe Rosa, hast auch Du noch nicht gekannt, bevor ich es entdeckte. – Was sagst Du? – Ach was, wirklich gewehrt habe ich mich nicht, als sie die neue Art empfahlen. Sie mache weniger Rauch, hiess es. Natürlich hatten sie recht, aber die alte Art ging auch. Der Zunder zuerst und die grossen Stücke drauf, so hatten wir es immer gemacht, so machte ich es schon als Kind. So hatten wir es gelernt.

Du weisst ja, Rosa, dass Hans nur ungern anders macht, was er als Hänschen lernte. Aber jetzt habe ich es begriffen. Die neue Art, ein Feuer anzuzünden, hat mich überzeugt. Die einen begreifen es gleich, die anderen brauchen länger. – Du weisst ja, Rosa, dass ich nicht von den Schnellsten bin.

Herzlich und in Liebe
Ben

Feuer anzünden

Bei uns um die Ecke steht ein Einkaufsladen, wo man fast alles erhält, was der praktische Alltag verlangt: Gemüse, Obst, Mehl, Saft, Bier, Wein, Töpfe, Pflanzen, Hacken, Schaufeln, Pinseln, Seile, Beile, Blumen, Kleider, Schuhe, Hüte, Gummiknochen für den Hund und Futter für die Katze, Leitern, Hämmer, Sägen, mit Motor und ohne, Besen, Schaber für den Schnee, Mäher für den Rasen und Holz für den Kamin. Ich staune immer wieder, wie viel auf kleinem Raum sich an Ware feilbieten lässt.

«Bauernverein» heisst der Laden ganz unzeitgemäss. Andere sagen «Bauernmühle», weil sie an diesem Ort seit langer Zeit auch Futter, fein gemahlen und gemischt, für Schwein und Rind erstehen. Es ist die landwirtschaftliche Ein- und Verkaufsgenossenschaft von einst, aus der, was wir heute kennen, über die Jahre und Jahrzehnte herausgewachsen ist.

Das aber ist es nicht, wovon ich erzählen will. Ums Feuer geht es mir und um die kleinen Dinger, die beim Anzünden hilfreich sind. Auch diese gibt es zu kaufen in unserem «Bauernverein».

Am Freitag letzte Woche hatten wir Besuch, und weil es gemütlich werden sollte – ein Winterabend mit Freunden am Kamin – und die Anzündhilfen ausgegangen waren, schaute ich nach Arbeitsschluss im «Bauernverein» hinein. Das letzte Mal, dass ich Anzündhilfen kaufte, lag mehr als ein Jahr zurück. Ein Pack mit fünfzig Stück hält reichlich lange an. Wo ich sie finde im Gestell, hatte ich inzwischen vergessen, oder sie waren nicht mehr da, wo sie gewöhnlich waren.

Ich ging den Laden ab, Reihe um Reihe, Gestell um Gestell, und es geschah, was immer geschieht, wenn ich im «Bauernverein» bin. Ich finde Dinge, die ich nicht suche, Dinge, die ich nicht will. Heute sind es Riesenorchideen, ich kann ihnen kaum widerstehen.

Orchideen sind meine Leidenschaft. Ich schliesse die Augen und schaue weg und komme an den Blumen vorbei, ohne eine zu kaufen. Das Suchen nimmt seinen Lauf. Anzündhilfen, nur das, sollen es dieses Mal sein.

Auch die Ware für den Garten, für die Tiere und für den Hof lasse ich hinter mir. Mit dem Werkzeug für die Werkstatt mache ich es ebenso. Es folgen Stiefel und Schuhe zu meiner linken Hand und Hüte obendrauf. Rechts liegen Kleider in Mengen. Mein Blick streift über die Dinge, und er bleibt hängen an einem Mann, der mir entgegenkommt. Er schaut mich zögernd an. Ich zögere selber auch.

«Ich weiss, dass wir uns kennen, aber sag mir, wer du bist.»

«Stefan» sagt er, und «Ben» sage ich, und beide sind wir uns bewusst, dass Jahre vergangen sind, seit wir uns das letzte Mal sahen.

«Du wohnst noch immer da oben, hinten im Wägital?»

«Da, wo ich damals schon war. Und du, was machst du immer?», geht seine Gegenrede.

«Bin noch immer Anwalt, auch wie ich immer schon war. Haus und Büro um die Ecke, Haus und Büro gleich hier. Und bei dir, was macht die Kunst?», will ich von ihm dann wissen.

«Das ist Geschichte, das war einmal.» Dann stellt er mir die Frage, ob ich politisch noch aktiv sei.

«Da ist es mir ergangen, wie es dir mit den Künsten ging. Es waren gute Zeiten, auch immer wieder heftig. Viel Leidenschaft, aber nicht so viel Ertrag. Das ist vorbei, anderes hat jetzt Platz.»

Er arbeite wieder mit Kindern, sagte Stefan noch. – Ich hatte nicht gewusst, dass er das früher machte. Ich wusste wenig von ihm, und er wusste wenig von mir.

Stefan war ein Weber, einer der besonderen Art. Mit Kupferdraht wob er Stoffe und formte Skulpturen daraus.

Ich hätte ihm gern erzählt, wie das jetzt ist mit meinem Neuen, das ich Geschichten nenne, nur war die Zeit dafür zu knapp. Wir hatten es beide eilig.

Ich fragte an der Kasse nach, wo die Anzündhilfen seien, und als ich an die besagte Stelle kam im Laden, war Stefan auch schon da. Er nahm zehn Pack, und ich nahm deren zwei. Er brauche sie täglich, er brauche viel, er heize das ganze Haus mit Holz. Und beide waren wir des Lobes voll über die praktischen kleinen Hilfen. Holzwolle gedreht und geformt und in Parafin getaucht, damit sie kräftig brennen und das Holz sich daran entzündet. Es geht ganz leicht. Die Kunst, ein Feuer zu entfachen, wird mit den Anzündhilfen zu einem Kinderspiel.

Und als ich aus dem Laden trat, in den Abend, in die Nacht, war ich mit einem Bein noch da, wo ich neben Schuhen, Kleidern, Hüten meinen Künstlerbekannten traf. Ich sah ihn, und er sah mich. Ich fragte, wer er wäre. – Fragen, Augen, Blicke können hilfreich sein. Anzündhilfen sind sie dann – praktisch, nützlich –, um ein Feuer zu entfachen. Und wenn ich jetzt erzähle, dann kommt es mir so vor, als ob ich es ähnlich mache wie Stefan in der Zeit, als er ein Künstler war. Ich sammle Wolle, Fäden, ich sammle Stoff, den ich zu Teppichen webe, zu Tüchern und zu Decken.

Ein Teppich, auf dem ich fliege. Eine Decke, die mich wärmt.

Künstler können Anzündhilfen sein, gedreht, geformt, getaucht, in Freude und in Liebe, gelegentlich auch in Schmerzen und bestimmt in Leidenschaft.

9.

Liebe Rosa

Erinnerst Du Dich an unsere erste Reise nach England und nach Wales? Das erste Mal mit einer Gruppe unterwegs. Davor sind wir immer allein gereist. Du und ich allein. In Deinem und meinem Rhythmus, die zusammenpassten. Aber für das erste Mal England musste die Gruppe wohl sein. Eigentlich kam es mir mehr wie ein Kreis von Freunden vor.

Apropos Kreis: An die Kornkreise erinnerst Du Dich doch auch. Schon seltsam, dass es dich kribbelt in den Gliedern, wenn du in einem Kornkreis bist.

Und erinnerst Du Dich noch an diese Fachmänner – zwei Engländer, ein Amerikaner –, die uns durch die Kornkreise führten? Wie die sich wichtigmachten! «Sorry manmade», lautete ausnahmslos ihr Urteil, als ob da Nacht für Nacht Bataillone von Kornkreisbauern durch die Felder zögen ... Erst im Nachhinein habe ich verstanden, um was es ihnen ging. Es war ihr Versuch, eine Wissenschaft daraus zu machen .... Eine Natur-Wissenschaft, eine Kornkreis-Logie. Über Jahre haben sie Kreis um Kreis untersucht und alles aufgezeichnet. Das Resultat ihres Forschens sind nun Kriterien, an denen sie die Kornkreise messen, sobald einer neu entsteht. Und es entstehen viele, Jahr für Jahr für Jahr, und es sind wahre Kunstwerke dabei. Die Bilder von den Kreisen finden weltweite Verbreitung.

Dass wir das erleben durften! Wir waren in den Kreisen drin, wir haben sie gespürt. Aber diese «Fachmänner»

Rosa, haben mich frustriert. So ein Unsinn! Manmade! Wie sollte das denn gehen?! Wie die sich aufgeplustert haben! Mich machten diese Männer wütend. So etwas Schönes! Unglaubliche Muster! Und das aus Menschenhand in ein paar wenigen Stunden. Ist es nicht überheblich, so etwas anzunehmen?! Mich ärgern sie noch jetzt. Warum, liebe Rosa, lassen sie das Rätsel nicht einfach Rätsel bleiben und freuen sich daran?

Und auch an die Ruinen erinnere ich mich gern. Wunderbare Ruinen, Romantik pur. Herrliche Kirchen auch. – Die Kathedralen, meinst Du? Die gotischen, in Wells und Bath und Salisbury? – Die natürlich auch. Aber etwas wirklich Besonderes waren diese Klöster und diese Kirchen, die noch Säulen und noch Wände hatten, aber keine Dächer mehr trugen. Tintern Abbay zum Beispiel, mit Gras im Kirchenschiff. Irgendwie kam mir Gott in diesen Kirchen näher. Er kam mir wirklich nah. Was das wirklich war, kann ich Dir nicht sagen, ich weiss es noch heute nicht. Ich weiss aber – und Du weisst es auch –, dass es uns noch einmal nach Wales zu den Ruinen zog, zu den Klöstern und den Kirchen. Auch von dieser zweiten Reise gibt es eine Geschichte. Wenn Du heiraten würdest ..., sagtest du. Du erinnerst Dich bestimmt.

Herzlich und in Liebe
Ben

Sunset – Sunrise

Sommerzeit ist Ferienzeit. Meine Frau und ich waren zusammen in Wales. Ich brachte einen Schirm als Souvenir mit nach Hause, einen kleinen, handlichen Knirps.

Über meinen Schirm, in dunkelblauer Farbe, ziehen weiss-rot-locker-leicht, mit Pinselstrichen gemalt, walisische Ortsnamen hin. Ob ich sie richtig lese? Wer selbst schon Wales bereiste, weiss um das Abenteuer, das dort in den Ortsnamen steckt. Keltisch sei der Ursprung der walisischen Sprache – mit Englisch hat sie nichts zu tun –, und dem Bretonischen sei sie verwandt. Cymru heisst Wales. Ein Ort mit Namen Cwm – ein Rätsel, wie man es spricht – blieb bei mir der Kürze wegen haften. Für eine andere dieser wundersamen Konsonantenfolgen nehme ich den Reiseführer zur Hand: Llanfairpwllgwyngyllgogerychwyrndrobwllllantysiliogogogoch. Zu sprechen sei es wie folgt: ... Ich beginne, lese ein paar Silben und fange von vorne an und lasse es schliesslich bleiben.

Apropos Schirm und Regen: Es erinnert mich daran, was die Sonne im Westen macht, am weiten wilden Meer. Sunset – Sunrise, zehn- oder zwanzigmal an einem Tag, wenn Wolkenschub, vom Wind übers Meer getragen, die Sonne auf- und untergehen lässt, und dazwischen wieder mal Regen. Samstag war's, die Sonne schien, am Morgen auf jeden Fall. Das richtige Wetter zum Wandern. Die Black Mountains waren unser Ziel. Und weil die Berge hier nicht halb so mächtig sind, wie wir sie zuhause haben, sind wir nach drei, vier Stunden vom Gipfel schon zurück. Die Zeit, die uns noch bleibt, reicht für eine Fahrt, die hinter die Berge führt, in ein zauberhaftes Tal. Kirchen, Klöster, Schlösser, Burgen, ganz und in Ruinen. Das ist es, was sich in Wales durch Städte und Dörfer und durch die Landschaft zieht.

Ein Kloster sollte es auch dieses Mal sein, und am Weg eine besondere Kirche. Schief sei alles an diesem Bau, nicht nur der Turm wie in Pisa.

Der Reiseführer hatte recht. Unser Gang zuerst rundum. Der Turm, mit mächtig schweren Mauern, wird zu zwei Seiten gestützt. Ein Wunder, dass er noch steht. Und in der Kirche drin geht das Wundern weiter. Nicht eine Linie, auf- oder waagrecht, die zu der anderen passt. Ich stelle die Beine breit und spüre für einmal deutlich, warum es Kirchenschiff heisst. Wände und Böden schwanken, als ob der Kahn durch wilde Wogen fährt.

Und nach der Kirche das Kloster, ein Ort, von dem ich träume. Ruhe, Stille und pralles Leben zugleich. Eine Gruppe junger Eltern, die mit den Kindern spielen und lagern auf der Wiese, unter den Bögen und an den Säulen und an den alten Mauern, und eine Hochzeit in der Kapelle. Dort singen sie gerade ein Lied.

Und wir stehen an der Mauer, die den Klosterhof begrenzt, und schauen ins weite Land: Pferde, Kühe, Schafe. Schafe ohne Zahl und Weiden ohne Zaun. Und über das offene Land, von höheren Weiden her, kommt ein Bauer gefahren, und in einiger Ferne tauchen Reiter auf. Wir schauen und geniessen und gehen nach einer Weile dem lauschigen Gasthaus zu, das, einem Zauberhäuschen gleich, mit Farn und Blumen an den Mauern und mit Moos auf dem steinbedeckten Dach, mit der Klosterruine zu einer Einheit verwachsen ist. Wir haben den Eingang noch nicht erreicht, als die Festgemeinde über den Weg und über die Wiese ihrem ersten Feiertrunk am Rand des Klostergeländes zuzustreben beginnt. Es ergibt sich eine Parade, die uns Entzücken schenkt, ein Schauspiel erster Güte.

Frauen, Männer, alt und jung, und ebenso die Kinder, zeigen, was sie haben. Hut und Hütchen, Frack und auch Zylinder. Kleider, Kleidchen, Roben, und in der strahlenden Mitte geht die Braut in Weiss mit ihrem Bräutigam, umgeben von kleinen Mädchen, Elfen gleich, mit Binsenkörbchen in der Hand, um Blumen daraus zu streuen. Und meine Frau, bei all den Wundern, ist hingerissen und meint: «So will ich auch heiraten.» – Und mir ist klar im Stillen: Gibt es ein anderes Leben, künftig irgendwann, für die Hochzeit meiner Frau bin ich dann gern ihr Mann.

Und dann fällt mir noch eines ein, dass vom walisischen Paradies noch eine Geschichte nachzutragen wäre: Die Sänger – etwa zwanzig an der Zahl, alles ältere Herren, des Brautvaters Sängerfreunde wohl – stimmten auch im Freien zu ein paar Liedern an. Ihr letztes war ein Abgesang: «Sunset-Sunrise ...» Dem Dirigenten – man sah es aus Distanz – fuhr es in die Beine. Swingen, rollen, Einsatz hier und Einsatz da, er winkt und schwenkt mit Händen und mit Armen. Kopf und Körper folgen nach, sein Einsatz ist total.

Derweil ziehen über die Mountains, noch ein Stück entfernt, die ersten Regenschleier – die ersten für das neu getraute Paar. Sie kommen näher, sie kommen nah, und als die Tropfen fallen, ist gerade der Refrain im Gang: «Sunset-Sunrise ...» – und das ein Leben lang.

10.

Liebe Rosa

«Astrologie – Astronomie: Was uns die Sterne sagen.» – Weisst Du noch? Das war eine Veranstaltung an der Technischen Hochschule in Zürich. Keine für die Experten. Nichts für die hochgebildete Wissenschaft und nichts für die Geisteselite – wie sie sich selber nennen.

Elite! Das Wort hat Konjunktur. – Erinnerst Du Dich, Rosa? Als unser David ins Gymnasium kam, was der Rektor der Schule in seinen Begrüssungsworten sagte? Sie wären die künftige Elite, politisch, wirtschaftlich und so weiter.

Elite, Rosa, was heisst das schon! Nur weil sie intellektuell immer mehr zu leisten vermögen? Immer mehr auf immer kleinerem Feld? – Und überhaupt: Warum soll es erstrebenswert sein, elitär zu werden?! Nur abzuheben hilft doch nichts. Wer abhebt, verliert den Boden unter den Füssen. Nicht, dass ich etwas gegen das Fliegen hätte, nein wirklich nicht. Ich bin ja selber einer, der fürs Leben gerne fliegt. Aber wenn sie unsere jungen Eliten nur noch das Fliegen lehren, wie sollen sie dann landen? Wie sollen sie den Boden wiederfinden, bevor der Sprit ausgeht?

Eliteschulen, Überflieger, Crashpiloten ... Wir haben es gerade wieder einmal erlebt, wohin das Ganze führt. Zum Glück gibt es das Bodenpersonal – und die Feuerwehr dazu im schlimmsten Fall. Finanzfachleute, hochstudiert, haben es fast geschafft, die Weltwirtschaft an die Wand zu fahren.

Oder die Atomphysiker – unglaublich, aber wahr – bauen eine Technik, die sich im Krisenfall nicht mehr beherrschen lässt. Wie unser Ofen im Keller, nur viel, viel grösser. Prototyp nach Prototyp, und immer behaupten sie, das sei jetzt ausgereift, sei alles Stand der Technik. Sie forschen auf Teufel komm raus und entdecken ständig Neues. Noch besser, noch sicherer, noch leistungsstärker und und und, bis zum Geht-nicht-mehr.

Aber eigentlich: Ein Geht-nicht-mehr gibt es für die Forscher nicht. Grenzen setzen müssen andere. Wir zum Beispiel, Du und ich, die von der Sache nichts verstehen, die ihren Gefühlen folgen, die spüren in diesem Fall, dass es Grenzen geben muss. Die den Mut haben, zur eigenen Meinung zu stehen, auch wenn sie unvernünftig ist.

Seien wir unvernünftig, Rosa, in diesem Fall! Die Vernünftigen gehen zu weit.

Und dann reden sie vom Restrisiko, diese Wissenschaftler, die unsere Eliten sind, und die Politiker und Politikerinnen, die Medien auch, beten es gnädig nach. – Ein schöner Rest! Was das wirklich bedeutet, wissen wir inzwischen. Das ist kein Rest, das ist das Ganze. Für die Menschen, die es trifft – in Japan und in der Ukraine –, ist der Schaden total. Ein riesiger Landstrich auf lange Frist zerstört. Was er wirklich bedeutet, dieser Schaden, weiss auch die Wissenschaft nicht. Für sie entsteht ein neues Forschungsfeld, ein Freiluftlabor von unerwarteter Grösse.

Nur, wirklich unerwartet ist es ja eigentlich nicht. Das ist dann eben der Rest, der riesengrosse Rest! Dahin muss es führen dann und wann, wenn unseren Eliten niemand Grenzen setzt. Sie selber tun es nicht. Sie forschen, forschen, forschen und wollen immer mehr.

Ach ja, Rosa, Du hast auch in diesem Fall wieder recht, wenn Du mich bittest, nicht ungerecht zu sein. Ich weiss, dass ich ungerecht bin. Natürlich gibt es auch Wissenschaftler, Politiker, Medien- und Wirtschaftsleute, die verantwortungsvoll handeln.

Natürlich bin ich nicht der Einzige, der Mass zu halten weiss. Und klar weiss ich auch, dass ich in meinen Dingen das Mass nicht immer finde, ich schiesse über das Ziel hinaus. Mein Kessel brennt durch. Kernschmelze bei Ben! Aber das Risiko – das Restrisiko, Rosa – ist in meinem Fall gering.

Aber eigentlich wollte ich etwas anderes sagen. Um die Veranstaltung an der Technischen Hochschule in Zürich ging es mir: Astrologie und Astronomie. Eigentlich schon erstaunlich, dass sie an dieser Schule auch die Astrologie zum Thema machten. Ich sah die Annonce in der Zeitung, und Du, die Astrologin, gingst hin. Du hast mich dann animiert, am zweiten Abend mitzukommen. – Gut, dass ich mitgekommen bin! So kam es zur Geschichte, die «Von Stars und Sternen» handelt.

Und erinnerst Du Dich an den jungen Mann in der Ausstellung, zu der die Vortragsreihe und die Podiumsgespräche gehörten? Ein Student der Astrophysik, der uns mit Freude erklärte, was Schwarze Löcher sind. Ich für meinen Teil muss sagen: Sein Bemühen blieb ein Versuch, seine Begeis-

terung aber hat mich angesteckt. Der Funke ist gesprungen, und das war es wohl auch, was mich in den Tagen danach die Geschichte schreiben liess.

Und dann noch etwas zum Schluss, das zum Brief hier passt: Du weisst, ich sammle Berichte aus der Zeitung, in denen es hin und wieder heisst, die Astronomen hätten in den Weiten des Universums wieder etwas Neues entdeckt. Für mich sind diese Berichte immer wieder auch wundersame Geschichten. Schon die Namen, die sie den Himmelskörpern geben, sind fantastisch. Sie erinnern mich an das, was wir aus den Märchen kennen: Rote Riesen und Braune Zwerge zum Beispiel.

Aber nicht, dass sie Märchen wären, diese Geschichten der Astronomen. Wie könnte ich mir in dieser Sache eine solche Meinung erlauben?! So weit gehe ich nicht. – Nur andererseits: Die Astronomen selber gehen weit. Vor ein paar Tagen las ich im Tages-Anzeiger ein Interview mit einem emeritierten Professor der Astronomie. Was der Mann sagte, ist bemerkenswert. Er habe im Universum das Geheimnis des Lebens entdeckt. «Um zu verstehen, warum wir sind, sollten wir in den Himmel schauen.» So wird der Mann in der Titelzeile zitiert. Und dazu ein Bild. Ein Bild von einem Professor! Der Mann ist in der Sternwarte und schaut ins Teleskop und er strahlt über alle Backen. Ein Mann mit einem langen, grauen Bart. Ein alter Weiser. Er ginge, wie er aussieht, auch als ein Mystiker durch.

Herzlich und in Liebe
Ben

Von Stars und Sternen

Astronomie und Gastronomie, das sind zwei andere Dinge. Fast alles aber stimmt überein. Nur ein einziger Buchstabe macht den Unterschied.

«Astronomie – Astrologie: Was uns die Sterne sagen.» In Zürich findet die Veranstaltung statt, an der Hochschule für Technik. Meine Frau, Astrologin, geht hin und erzählt mir dann davon. Der Disput war konstruktiv, weil sie Gemeinsames entdeckten, wo alles anders schien.

Die Astrologin – «Madame Etoile» mit klingendem Namen – und ein Professor der Astronomie. Die Frau schöpft aus dem Vollen, weil sie weiss, dass ihre und des Professors Wissenschaften einmal eine einzige waren und dass die ihre am Anfang stand. Und der Professor gibt unumwunden zu, als ihm eine Stimme aus dem Publikum die Frage nach Sinn und Sinnen stellt, dass es die Freude am Entdecken sei im weit entfernten All, die ihm die grosse Kraft zum steten Forschen schafft.

Mir kommt, was meine Frau erzählt, als Anstoss gerade recht, um in der Woche drauf am gleichen Ort beim zweiten Akt in diesem Spiel auch selbst dabei zu sein – auf der Akropolis von Zürich.

Aphrodite, Nike, Zeus, die alten Götter von einst. Auf Zürichs hohem Tempelberg sind neue Götter zu Haus'. Priesterinnen und Priester, und wer es werden will, bringen Opfer dar. Und dann und wann, von Zeit zu Zeit, ruft man das Volk, es möge kommen, um für ein paar

Stunden Teil des Kults zu sein. «Von Stars und Sternen» heisst es. Meine Frau und ich sind dabei.

Drei Männer und zwei Frauen, mit dem Moderator im Gespräch. Den Anfang macht ein Mann von hier, einer von der Schule. Er strahlt, seine Augen glänzen, wenn er von Riesenteleskopen spricht, mit denen er und seinesgleichen nach neuen Sternen fahnden. Distanzen nennt er, Mass und Zahl, die sich, wer seinem Fach nicht angehört, nicht vorzustellen weiss.

Als Zweite folgt eine junge Frau, die eloquent von Sternen schwärmt, die sie in Pfannen, Töpfen, Geschirr, vom Tester-Gaumen streng geprüft, sich selbst erkochen will. «Michelin» heisst ihr Zauberwort, das grosse Träume schenkt. Der Stern, den sie sich erhofft, wäre harter Arbeit Lohn. Und bis es so weit ist, muss sie kleine Brötchen backen. Einen Korb voll bringt sie mit, um uns eine Freude zu machen.

Der Köchin folgt der Fernsehmann, den alle Schweiz weit kennen. Show und Sport ist das, was er zu bieten hat, schon seit vielen Jahren. Er wiegelt ab, ein Star sei er nicht, nur dann und wann von Stars und Sternen umgeben. Ein Mond sei er, der, von den Lichtern angestrahlt, die Strahlen weitergebe.

Dann wird die zweite junge Frau vom Moderator gefragt, ob sie – in Fachkreisen schon bekannt – ein Star werden wolle, und wie es gekommen sei, dass sie Astrophysik studierte. Zur Schule sei sie noch gegangen, als «Hale-Bopp» in den späten Neunzigerjahren am nächtlichen Himmel erschien. Kometen seien seit da ihre grosse Leidenschaft. Das Schönste wäre, was sie sich denken kann, selbst einen Kometen zu entdecken. – Würde der Traum dieser Frau einmal wahr, ich gönnte es ihr von

Herzen. Ihre Begeisterung und Freude hätten es verdient. Und zuletzt tritt ein Schreiber auf die Bühne. Journalist sei er und der Chef von einem «People-Blatt». Es klatscht und tratscht in seinen Spalten. Stars und Sterne sind sein tägliches Geschäft.

Und mit der Antwort aller fünf auf die eine gleiche Frage, was für sie die persönliche Sternstunde wäre, die er oder sie sich wünsche, geht der Bühnenakt zu Ende. Und draussen im Foyer lässt sich hernach eine Weile noch verweilen. Gedanken klingen nach, und der Zufall mischt das Publikum bei Sternbrot, Saft und Wein.

Einer Frau an unserem Tisch hat es die Köchin angetan, mit den grossen Ambitionen. Die Gastronomie sei auch ihr Gebiet. Wo sie täglich für die Gäste sorgt, drunten in der Stadt, bürgen Sterne, fünf an der Zahl, für höchste Qualität. Sie erzählt von den früheren Jahren, als sie in Davos auf Arbeit war. Am Ort ihres Wirkens gingen einmal jedes Jahr Prominente, Stars und Sterne strahlend ein und aus. An Mandela erinnere sie sich gern. Ihre Leute, wie sie sagt, wünschten dem Staatsmann zu begegnen. Sie trug den Wunsch an höherer Stelle vor und traf auf offene Ohren. Was sich ihre Leute wünschten, konnte in Erfüllung gehen. Mandela reichte jedem die Hand und wusste ein paar Worte zu sagen.

Vor allem sagte er Dank und sprach er Anerkennung aus für das, was sie leisten für die Gäste.

Und während die Frau erzählt, zeigt sie uns ihr Strahlen. Sie zeigt uns ihre Freude. Sie hat ihre Chance gepackt. Eine Sternstunde erhielten sie und ihre Leute geschenkt, die keiner mehr vergisst. – Mein Star an diesem Abend war die Frau an unserem Tisch.

11.
Liebe Rosa

Als wir in Sizilien waren, weisst Du noch? Erinnerst Du Dich? Das feine Essen im besten Haus am Platz? In der Abendsonne auf der Dachterrasse? «Viccolo Stretto», schmales Gässchen, war sein passender Name. Für dicke Bäuche war das nichts. Zum Glück sind wir noch schlank und rank – fast in meinem Fall. Und doch rechne ich damit, dass sich hin und wieder einer durchzwängt auch mit Bauch, dem guten Essen zulieb. Es ist doch zu verlockend, was ihn da oben erwartet. Auch die wunderbare Sicht.

Erinnerst Du Dich an jenen Abend, Muttertag bei uns. Auch die Italiener feierten, sogar mit Feuerwerken. Drei Feuerwerke gingen unten in der Ebene los, während die Kuppe des Vulkans, mit wenig Rauch, noch in der Sonne stand. Auch für uns war das ein Fest.

Wir waren auch auf dem Ätna. War das eine Kälte dort oben! Trotz schönstem Sonnenschein und Hitze unter den Füssen.

Oder Catania, unser Ausflug in die Stadt. Der Fischmarkt und all die uralten Häuser. Palazzi noch und noch. Prunk und Verfall in einem. Und die griechischen Tempel und Theater. Und, und, und. Unglaublich, wie viel wir in nur einer Woche erlebten. Und dazwischen genossen wir immer wieder erholsame Momente auf dem Balkon, mit freiem Blick aufs Meer.

Für uns, die wir die Berge haben jeden Tag, ist das Meer halt schon etwas Besonderes.

Und kannst Du Dich noch erinnern an den Hängegleiter mit Motor, der in einer dieser Mussestunden über unsere Köpfe flog? Ich mutmasste, das könnte jetzt der verrückte Angelo sein, den ich vom Fernsehen kannte. Ich habe Dir von ihm bestimmt erzählt, ganz sicher tat ich das. Dieser Mann und was er machte, hat mich fasziniert. Das habe ich ganz sicher nicht für mich behalten. Du weisst ja, wie ich bin.

Aber die Geschichte von diesem Flieger, die ich schrieb, die kennst Du noch nicht.

Übrigens: Dieser Weltmeister mit dem Hängegleiter ist nicht mehr unter uns. Ein paar Jahre nach seinem Rekordflug ist er, fast bei ihm zu Hause, in einen Olivenhain gestürzt. Er war auf der Stelle tot. Das nenne ich Ironie des Schicksals. Es ging ihm ähnlich wie dem Mann bei uns, von dem ich kürzlich las. Ein grosser Bergsteiger, einer von den Besten. Nur er und zwei andere haben alle Achttausender der Welt, vierzehn an der Zahl, ohne Sauerstoffhilfe – und im Eilzugstempo, wie es hiess – bestiegen. Ein Ausnahmekönner also. Nun sei er am heimischen «Grünhorn», auf einer «wenig schwierigen Route», in den Tod gestürzt. Der Mann war 52. Fast so alt wie wir.

Mit uns hat es das Schicksal gut gemeint bis jetzt. Vertrauen wir darauf, dass das so bleibt!

Und weisst Du, wenn es nicht traurig wäre, wäre es auch zum Lachen. Der Könner, der vom «Grünhorn» stürzt, was Greenhorn auf Englisch heisst.

Herzlich und in Liebe
Ben

Sternflüstern

Drei Könige, drei Weise, Epiphanie. Sie bringen Geschenke dem neugeborenen Kind. Dem Stern sind sie gefolgt. Hell leuchtend hat er sie geführt.

Ich schaue fern an diesem Tag und habe die Qual der Wahl: «Sternflüstern», dritter Teil. Zwei Familien, Eltern mit ihren Kindern. Ein paar Monate im fernen Sibirien. Leben in der Siedlung und draussen bei den Nomaden. Fischen, jagen und mit den Rentieren ziehen. Weites, fremdes, kaltes Land. Zwei Episoden sah ich schon. Sollte ich auch den dritten Teil noch schauen? Immer weiter gegen Norden geht es, über den Polarkreis hinaus, wo die Sonne nicht mehr scheint in dieser Zeit.

Mein Entscheid fällt anders: «Flug über den Everest». Ein verrückter Kerl, ein Italiener, der am Hang des Ätna lebt. Sein Blick geht über das Meer, und im Rücken brennt das Feuer, das nie zur Ruhe kommt. Der Mann ist ein Weltmeister mit dem Hängegleiter. Er will seinen Bubentraum verwirklichen. Er will, ohne Motor und Antrieb, 9'000 Meter über dem Meeresspiegel den Everest überqueren. Minutiös bereitet er sich vor. Zwei Adler aus Russland sollen ihn begleiten.

Angelo heisst der Mann. Engel sein passender Name. Er meint, dass auch die Menschen in Urzeiten hätten fliegen können. Allmählich sei ihnen aber der Instinkt abhandengekommen. Von den Adlern will er sich führen lassen, durch die gewaltigen Turbulenzen über dem höchsten Berg der Welt.

Die Adler sind noch jung, sie sind noch nicht geflogen. Angelo will es sie lehren. Am Boden rennt der Mann, die Arme weit gespannt, als ob er abheben möchte, und hinter ihm hüpft der Vogel – bis er fliegt. Nun ist sein Instinkt erwacht. Jetzt ist der Vogel ein Vogel, und der Mann bleibt ein Mann, auch wenn er keinen Aufwand scheut, um seinen Traum zu leben.

Das Training Tag für Tag. Der Mensch und der Vogel. Angelo übt die Nähe mit dem Tier, das sonst in weiter Ferne seine eigenen Kreise zieht.

Windkanal, Druckkammer, Extremes, wie es Menschen nur schwer ertragen.

Und endlich brechen sie auf. Piloten und Meteorologen, Abenteurer, ein grosses Team am Werk, und alle vom Wunsch beseelt, dass Angelos Plan gelinge. Tage und Wochen harren die Männer aus, im Angesicht des Bergs. Es dauert, bis die Bedingungen stimmen.

Der Flug beginnt. Im Voraus zog man in Betracht, wie alles kommen könnte. Mit Eventualitäten rechnete man, und doch: Zuletzt kommt alles anders. Voraus das Ultraleichtflugzeug, nicht mehr als ein Hängegleiter mit Motor. Sie steigen auf, bis auf die gewünschte Höhe, alles scheint zu gelingen – und plötzlich reisst das Seil. Erschrecken im Gesicht. Dramatisch die Bilder. Spannung und Angst, wenn wir vor dem Bildschirm nicht wüssten, dass das Vorhaben gelingt.

Weg ist der Begleiter mit Motor, der noch hätte führen können. Auch die Adler sind nicht da. Sie wurden krank nach der langen Reise. Der eine starb, und der andere war zu schwach, um den Flug noch mitzumachen.

Und Angelo, mit sich allein und mit dem Wind, fliegt seinem Ziel entgegen und hinweg über den Berg seiner Träume, während sich unter ihm die Wolkendecke schliesst. Sein Partner findet mit Glück zum Startplatz zurück, und Angelo gelingt die Notlandung in der Nähe einer Forschungsstation, von wo er Tage danach mit dem Hubschrauber ausgeflogen wird.

Der Bericht endet, und mir bleiben noch ein paar Minuten, um beim «Sternflüstern» reinzuschauen.

Auch da schliesst der Hubschrauber den Reigen der Bilder ab. Aufbruch in Sibirien. Schnee und Eis und in dicke Felle gehüllte Menschen. Die einen gehen, die anderen bleiben. Strahlende Gesichter da wie dort.

Sie wurden Freunde in kurzer Zeit, in der Wärme und im Licht, wie wir Menschen es erzeugen, selbst mitten in der Polarnacht.

Und ich weiss in diesem Moment: Müsste ich noch einmal wählen, jetzt würde ich «Sternflüstern» schauen.

12.

Liebe Rosa

Und nun die letzte Geschichte. Und dann noch eine dazu, weil es wie im Märchen ist. Aber ganz wie im Märchen mache ich es nicht. Die dreizehnte, die ungeladen kommt, lasse ich warten bis zum Schluss. Auf dass der Tod Tod bleibe, kein hundertjähriger Schlaf!

Der Tod muss die Dinge wandeln, sonst ist der Tod nichts wert.

In Kirchen habe sie getanzt, mit der Nonne, die Bücher schreibe, sagte die Frau im Zug. Ob ich Silja Walter kenne? Ich sagte ja, was aber nicht korrekt war, weil: Ich wusste wohl von ihr, aber ich kenne ihr Werk noch nicht. Ich habe schon oft gedacht: Jetzt lese ich dann eines ihrer Bücher. Aber immer kam mir etwas dazwischen. Du weisst ja, wie das ist. Es gibt so viele Bücher, unglaublich viele Bücher. Bevor Du liest, was Du gern lesen möchtest, sind hundert andere Bücher schon da.

Versteh mich bitte richtig, ich beklage mich nicht. Ich lebe gut damit, dass ich vieles verpasse. Wertvolles ist auch dabei. – Im Übrigen aber: Was noch nicht war, kann werden. Im Januar starb die Klosterfrau, und mir steht es nun frei, die Dichterin posthum noch zu entdecken.

Ob ich mit Silja Walters Bücherwerk auch hinten beginnen soll, wie mit meinen Geschichten? Ihr letztes Tagebuch zuerst? Am 20. Dezember, hat es im Nachruf geheissen, ende ihr letzter Eintrag mit dem Wort, das in ihrem Werk für den Einklang von Jen- und Diesseits stehe. – «Tanzen» war ihr letztes Wort, wie wunderbar!

Es passt, dass mir die Frau im Zug vom Tanzen in der Kirche erzählte. Und weisst Du, wie das letzte Buch von Silja Walter heisst? – Es trägt den schönen Titel: «Tanzen heisst auferstehen – Letztes Tagebuch». Komm lass uns tanzen, Rosa! Tanzen, tanzen, tanzen!

Herzlich und in Liebe
Ben

Heimfahrt von Zürich

Am Samstag auf der Heimfahrt von Zürich. Im Zug zwischen Thalwil und Wädenswil. Ich sitze am Fenster, mein Blick geht in die Fahrtrichtung. Mir schräg vis-à-vis im gleichen Abteil sitzt eine junge Frau, die in der Enge zugestiegen ist. Ich selbst stieg im Hauptbahnhof ein. Auf dem Platz neben mir liegt mein Rucksack, und auf der Ablage am Fenster steht die Wasserflasche, die ich unterwegs immer dabei habe, und daneben das neu gekaufte Buch.

Eine alte Frau steigt in Thalwil ein. Sie kommt die Treppe herunter auf die untere Etage. Es sind nur ein paar Tritte, aber sie machen ihr schwer zu schaffen. Sie schaut sich um nach einem freien Platz, für den sie nicht weit gehen muss. Ich nehme den Rucksack auf die Knie und mache zu ihr hin eine einladende Geste. Mein Angebot nimmt sie an, und sie setzt sich neben mich. Blicke hin und zurück und ein paar freundliche Worte, und dann sagt sie unvermittelt: «Ein schöner Mann sind Sie.»

Ich bin berührt, und verlegen macht es mich auch. Ich danke und sage, reichlich unbeholfen, dass ich das Kompliment gern an sie weitergeben möchte. «Nein, nein, das nicht», meint sie, sie sei eine alte Schachtel, und so beginnt sie zu erzählen. Sie öffnet mir ihr Herz und ich ihr mit ein paar Worten auch das meine.

Körperliche Beschwerden habe sie jetzt, eine Verletzung am Knie. Bis vor wenigen Jahren sei sie noch recht beweglich gewesen. Gymnastik und Tanz habe sie unterrichtet. Im Heim lebe sie jetzt. 84 Jahre sei sie alt. Zum katholischen Glauben sei sie vor Jahren konvertiert, in Einsiedeln sei das geschehen. Ihr Mann habe nicht viel gehalten von ihrer spirituellen Ader, und doch habe ihr Konvertieren der Ehe viel gebracht, ja diese vielleicht sogar gerettet. Der Pater im Kloster, der sie betreute und lehrte, sei auch ein enger Freund von ihrem Mann geworden. Eine irdische Freundschaft durchaus, wie ich konstatiere. Ein Mann, dieser Pater, der die Freuden des Lebens nicht nur im Geistigen sah und der ihnen beiden half.

Ob ich Silja Walter, die schreibende Nonne, kenne, möchte die Frau von mir wissen. Ich sage Ja. Mit ihr habe sie Tanzprojekte in Kirchen da und dort verwirklicht. Mit ihr zusammen habe sie viel Schönes erlebt.

Ob sie umsteige und nach Einsiedeln fahre, frage ich, während sie sich vor Wädenswil zum Aufstehen anschickt. Nein, zum Sohn gehe die Reise, der hier wohnt im Ort.

Wir berühren uns, uns beiden ist es ein Bedürfnis. Sie berührt mich am Arm, mit der Hand hält sie sich zurück. Ich lange trotzdem zu. Sie zuckt zusammen. «Nicht zu fest!», sagt sie, sie habe Schmerzen in der Hand. Vom Klavierspielen erzählte sie auch, vom Musizieren im Heim und im Spital und von ihrer Mutter, die vor ein paar Jahren im hohen Alter starb. Für ihre Mutter habe sie immer wieder gespielt.

So viel habe ich in so kurzer Zeit von dieser Frau erfahren. Und als sie ausstieg, war es mir, als ob ich gerade den Anfang für ein ganzes Buch geschenkt erhalten hätte. «Sie sind ein schöner Mann», sagte die alte Frau ... Ja, so kann es beginnen. Und als ich zu Hause war, wusste ich, wie ich ihr das Kompliment elegant hätte weiterreichen können. Beim Schreiben ist mir jetzt gegeben, was ich beim Reden noch nicht fand.

«... Nein, nein, eine alte Schachtel bin ich», waren ihre Worte. Und ich sage dazu, dass die Schönheit, die sie meint, mit dem Alter nicht vergeht. Diese Schönheit ist die Würde, die aus der Haltung spricht. Es ist das offene Herz, das sein Licht durch alle Wände verströmt und mir und ihr erlaubt hat, sie und mich zu berühren.

13.

Liebe Rosa

Zwölf Geschichten für Dich, und eine noch dazu. Ich staune selbst, wo und wann ich sie fand. Ich hätte nie gedacht, dass diese eine Geschichte in ein Buch passen würde, das ich Dir einmal schenke. Lass Dich überraschen!

Nur so viel sage ich schon jetzt, oder ich frage Dich vielmehr: Ist das jetzt Alchemie – aus Stroh wird Gold? –, wenn zwei nach vielen Jahren Ehe die Hilfe einer Dritten brauchen und daraus eine Geschichte entsteht? Du ahnst schon, was ich meine.

Als wir bei Frau Reichart waren, Monat für Monat, ein Jahr. Als unsere Söhne ihre eigenen Wege gingen und wir neue Aufgaben suchten. Es war nicht leicht – für uns beide nicht –, den neuen Weg zu finden. Du hattest Deine Pläne, und ich hatte die meinen. Hättest Du gedacht, dass es uns so gut gelingt, sie unter einen Hut zu bringen? Es ist nicht alles gelungen, natürlich nicht, aber vieles. Wir dürfen zufrieden sein!

An die Aufgabe, die Frau Reichart uns stellte, erinnere ich Dich gern: «Bringen Sie Ihre Visionen von Ihrer Zukunft in fünf Jahren in die für Sie passende Form!» Du hast ein Bild gemalt, und ich schrieb eine Geschichte – wie könnte es anders sein.

Manches ist anders gekommen, als wir damals dachten, aber eines entspricht unseren Wünschen genau: Wir reisen viel und gern und entdecken immer wieder Neues. Du bringst Bilder heim, und ich erzähle Geschichten. – Geschichten für die Kiste. Für meine Kiste, die fliegt.

Weisst Du, was ich meine? – Du weisst das doch bestimmt.

Herzlich und in Liebe
Ben

A Song of Joy

Er kniet vor dem Kamin am Boden und reisst ein Zündholz an. Die Flamme springt, das kleine Ding fängt Feuer, und der gemütliche Abend beginnt. Sie schiebt den Stuhl etwas näher. Nah am Feuer gibt schön warm. Die Beine hoch und ausgestreckt, einen Krimi in die Hand und ein Glas vom trockenen Sherry.

«Ach was, ein Feuer zündet man anders an», sagte er, als ihm einer einmal riet, das Holz im Kamin zu stapeln, kreuzweise in drei Lagen, mit einer Anzündhilfe oben drauf. Anfeuern ohne Zunder und mit wenig Rauch.

Feuer gemacht hat er schon immer, schon als Kind machte er das gern. Zuerst eine Zeitung, ein Knäuel Papier, darauf die Späne und zwei, drei Stück vom groben Holz. Die neue Art, ein Feuer anzuzünden, wurde der Umwelt zulieb empfohlen, sie war aber auch bequem. Für ihn kam der Rat zur rechten Zeit. Er glaubte es nicht, er lehnte es ab und machte es schliesslich doch. Nun hatte er es selbst erkannt, und er gab den Rat gern weiter, ohne Zweifel, ganz bestimmt: «Ich weiss jetzt, wie es geht. So musst du es machen!»

Sie sitzt still, vor sich in der Hand das Buch, während er das Feuer anzündet. Dass er es einmal anders machte, ist längst kein Thema mehr.

«Weisst du noch, wie das war, als ich diese Geschichte schrieb, die vom Feuer anzünden?»

«Was sagst du?» Mit einem Bein war sie noch da, wo sich eine Fährte ergab, genau in diesem Moment. Ob das der Täter war? Sie hatte ihre Zweifel.

«Was hast du gesagt?»

«Diese Geschichte vom ‹Feuer anzünden›, weisst du noch?»

«O ja, daran erinnere ich mich gern. Das war die Zeit, als deine Geschichten anders wurden. Irgendwie leichter, mit Humor. ‹Kaiserwetter› fällt mir ein, die hat mir gut gefallen. Wie du dich auf die Schippe nahmst, das war wirklich neu. Zuvor war so viel Ernst. Du wolltest die Welt retten, unbedingt, koste es, was es wolle.»

«Da hast du recht. So habe ich das ja selbst auch gesagt. Oder sagte ich es etwa nicht?»

Sie lacht, und er lacht auch, sie wissen beide warum. «Die Wende, für mich, kam eine Geschichte früher. ‹Schwein gehabt›, Silvester und Neujahr, als wir in München waren. Wie wir auf der Wiesn standen, naiv, und erst allmählich merkten, was ein Münchner Feuerwerk ist! Wie wir in Deckung gingen, durch Schwaden von stinkendem Rauch. Das war ein Abenteuer! Das gab eine Geschichte her! Wir hatten unseren Spass. Wahrscheinlich ist es das, was in München neu begann. Neuer Spass am Leben.»

Sie lächelt. «Ja, so kann es sein. Wie lange ist das her?»

«Ganz genau fünf Jahre. Und weisst du, weshalb ich das so genau noch weiss? Weil wir um diese Zeit bei Frau Reichart waren, und das vergesse ich nie.» Und jetzt lächelt auch er, dann wird er ernst, dreht sich dem Feuer zu und spürt die Wärme im Gesicht.

Fünf Jahre sind eine lange Zeit. «Wer hätte das gedacht», fragt mancher sich, der zurück schaut und sich über das Erlebte wundert. Wundern mochte er sich auch, aber überrascht war er nicht, weil: In Visionen ist er stark. Dass Wünsche in Erfüllung gehen, weiss er sicher und bestimmt. Die Zweifel liess er hinter sich, er hat seine Zweifel vergessen. Im Vergessen ist er gut, er ist begnadet darin. Was er behalten will, das schreibt er in eine Geschichte – und aus den Geschichten machte er ein Buch.

Er erzählt in seinem Buch, wie er den Ort für seine Geschichten fand und auch den Ort für sich. Wie er Feuer um Feuer anzuzünden begann, Feuer, die weiter zünden. Geschichten wie Viren, die anstecken, bis zur Pandemie.

Wie er vom Unterhalten sprach – auch das fällt ihm jetzt ein – auch das war in jener Zeit. Es muss in jener Zeit gewesen sein, weil es nicht mehr lange ging, bis sich seine Wünsche erfüllten. «Flugjahre» erschien im Herbst 2010. Zur Buchmesse war es da, und danach ging es leicht, und so wurde wirklich wahr, was er sich erträumte. Es macht ihm Spass, und auch die Erträge stimmen. Unterhalten im doppelten Sinn.

Sie legt das Buch zur Seite. Sie wusste, diese Fährte war falsch. Rankin, der wahre Meister. Das ist grosse Kunst. Nur gut, dass er noch schreibt.

«Übrigens, hättest du am Samstag in einer Woche Zeit? Es geht um die Reisegruppe, die ich durch Irland führe. Wir treffen uns in Engelberg, zum Kennenlernen. Wäre schön, wenn du kommen könntest. Am Abend eine kleine Lesung? Eine Geschichte vielleicht, die wir in Irland zusammen erlebten?»

«Oder wie wäre es mit Wales? Als wir diesen Stein suchten – weisst du noch? – und ihn nicht fanden? Die Rückfahrt, wie wir glaubten, und plötzlich war er da – als wir das Suchen längst aufgegeben hatten. Der Stein zog uns magisch an. Würde das nicht passen zur Art, wie du deine Reisen führst? Oder Engelberg selbst, das dritte von meinen Büchern: ‹Engelberg – Am Ende der Welt›? Etwas Neues, das die Leser noch nicht kennen? Meinen Helden kennt man inzwischen, aber man weiss noch nicht, wo die Reise endet. Deine Leute wären die Ersten, die davon eine Kostprobe erhalten.»

«Das wäre schön, und wenn du magst, bleibst du über Nacht und machst dir einen schönen Sonntag, gehst wandern, und dann fahren wir zusammen heim.»

«So machen wir das, genau so. Vielleicht aber mache ich es anders. Nur ein Spaziergang am Sonntag, beim Kloster um die Ecke, zum ‹Ende der Welt›. Dort sitze ich auf die Terrasse, mit einem Kaffee und einem Buch. Lesen und geniessen. Übrigens, kannst du dich noch erinnern, wie das war bei unserem ersten Mal im ‹Ende der Welt›? Ich habe dir von Bruder Klaus, dem heiligen Mann, erzählt, der auch schon an diesen Ort seine Sonntagsausflüge machte. Zu Fuss vom Ranft über den Ächerlipass hierher. Wir machten das Gleiche mit dem Auto, reichlich gewagt auf den engen Kehren am steilen Abgrund entlang. Aber das nur nebenbei. Mich erinnert dieses ‹Ende der Welt› an die Geschichte von der Windsbraut. Ich würde gern aus dieser Geschichte lesen. Was meinst du, was hältst du davon? Wenn du einen Moment Zeit hast, hole ich das Manuskript. Fertig ist es zwar noch nicht, aber vielleicht ist es auch reizvoll, wenn ich deinen Leuten davon erzähle, wie bei mir die Geschichten entstehen. Wie die Geschichten wachsen, auch aus den Reisen mit dir.»

«So lese ich dir jetzt vor, ein paar Zeilen aus ‹Engelberg ...›. Vorausschicken muss ich, dass die Geschichte in *der* Form weitergeht, wie du sie schon kennst: Begegnungen mit Menschen, Büchern und Orten. Mein Held hat wieder einmal ein Buch entdeckt, zur richtigen Zeit am richtigen Ort: ‹Das Geschenk› von Maria Elisabeth Straub. Ein Roman mit überraschend neuer Sicht auf die unheilige Heilige Familie: Maria, Josef, Jesus. Mutig, gewagt, anders, als man sie kennt. Mein Held liest was folgt und er lässt sich inspirieren: ‹... Das Licht des Morgens abwarten und zusehen, wie sich die rosige Dunstwand hinter dem Berg Tabor emporschiebt, tröstlich und verheissungsvoll ... Wie spät mag es sein? Ein kalter Wind ist aufgekommen, ich berge meine Hände in den Ärmeln und werfe noch einen Blick gen Osten. Ich vermeine, die Gestalt des Tabor zu erkennen, das Schwarz der schönen Brust, ein anderes Schwarz als das des Himmels, vielleicht sogar schon ein Schimmer über seinem Gipfel, der anmutigen Knospe? Gewiss täusche ich mich. Wie oft meinen wir etwas zu erkennen, nur weil wir glauben, es müsste dort sein, wo wir es vermuten ...› Dann folgt, was mein Held noch selber dazu sagt: ‹Das passt zu meinen Gedanken und zu meiner Frage, wie es eine Wahrheit geben kann, wenn der Glaube Berge versetzt. Es passt zum Thema Glauben, zu meiner Ruhe und Gewissheit, die ich gefunden habe und die ich – das Wiederfinden des Glaubens oder das erstmalige Finden – als die wahre Errungenschaft meines Suchens, als mein wahres Glück empfinde. Nicht der Glaube an, nur einfach der Glaube, den ich als das umschreibe, was ich nicht wissen kann. Und dann lege ich meine Geschichte in die Landschaft. Es wird eine Frau daraus. Ihren Kopf hat sie in der Mitte der Schweiz, wo Bruder Klaus einst wirkte. Der See, an dem ich geboren bin, ist ihr grosses Herz. Ihre Brüste sind die Mythen, zwei imposante Berge und Nahrung für das Kind. Ihr Schoss, fruchtbar, freudvoll, wild, liegt am Ort, wo die Mönche seit langer Zeit die schwarze Madonna hüten. Und weil die Weltfrau eine Gebärende ist, hat sie die Beine gespreizt und die Füsse auf dem Boden. Die Füsse sieht man nicht, weil sie im Wasser gründen, im Zürich- und Walensee. – Wow! Ist das nicht schön! So wagte ich es nicht zu träumen. Solche Bilder! Tausend Bilder zugleich, weil alle, die es lesen, und alle, die es hören, eigene Bilder sehen. Die Erde schenkt Geschichten, die Erde ist Geschenk ...› Das ist alles für den Moment. Mehr kannst du dann lesen, sobald das Buch erscheint.»

Sie sagt nichts, sie schaut. Sie schaut ihm in die Augen, und sie schaut ihm ins Herz hinein. «Warte noch damit, es ist zu früh. Gib es erst von dir, wenn die ganze Geschichte steht. Es braucht dein ‹Engelberg›, ich freue mich darauf. Nur eine Frage noch: Was meinst du mit der Windsbraut, von der die Geschichte handelt?»

«Meine Windsbraut ist die Erdenfrau. Ihren Kopf hat sie in Bruder Klausens Heimat. Der Mann, der Frau und Familie verliess, um ein Heiliger zu werden. Die grosse Frau hat einen grossen Kopf. So reicht ihr Ohr ins andere Tal, wo der Berg der Engel steht. Zuhinterst im ‹Ende der Welt› flüstert der Berg ihr ein, und er fragt, ob sie noch weiss. Der Wind, wie der Wind es immer macht, trägt die Frage mit: ‹Weisst du, weisst du, weisst du noch, woher du kommst und wer du bist?› Der Wind kennt keine Grenzen, und gelegentlich kommt er zurück und erinnert an die Frage. Windsbraut ist die Frau, und Wind heisst dann ihr Mann.»

«Alles klar jetzt. Windsbraut bin ich gern, und du Wind bist mein Mann. Und da wir neue Zeiten haben, ist bei Gelegenheit und bei Bedarf die Frau der Wind und bist du der Bräutigam.»

«Du wirst schon das Passende finden für die Lesung bei uns. Mach es wie immer, lass deinem Gespür den Lauf, vielleicht auch erst am Ort.»

«Schauen wir, wie es kommt. Übrigens hat David angerufen. Er lässt dich grüssen. Er hatte eine erfreuliche Nachricht. Die Diplomarbeit hat ihm, wie es scheint, neue Türen geöffnet. Davos sei interessiert, und St.Moritz habe sich auch gemeldet. Das liegt natürlich nah, wenn er an diesen Orten forscht. Und wie er sagte, spinnt er auch einen Faden nach Alaska. Konkret tönt das alles noch nicht. Aber wir wissen ja, wie unser David ist. Meistens weiss er mehr, als er sagt. Das hat er von dir. Von mir auf jeden Fall nicht. Aber sag, hättest du gedacht, als er sich so schwer tat damals mit seiner Wahl, dass ihm das Studium eine berufliche Perspektive eröffnet, wo seine Begeisterung liegt? Das dachte nicht einmal ich, obwohl ich ihm – ich erinnere mich noch gut daran – in meiner Verzweiflung riet, er solle der Leidenschaft den Vorzug geben gegenüber der Vernunft. – Aber Wandern als Beruf?! Das hätte selbst ich nicht geglaubt, der Träumer von Gottes Gnaden.»

«Apropos Träumer. Weisst du, was sie im Verlag noch sagten, letzte Woche, als ich in München war? Ich habe dir noch nichts davon erzählt, es war mir noch zu vage. Von einem Film sprachen sie. Beim Anruf heute Mittag tönte es schon konkret. Sie verhandeln über die Rechte an meiner Geschichte mit einem amerikanischen Produzenten. Was sie mit der Geschichte machen wollen, ist Gegenstand der Gespräche, und das letzte Wort liegt natürlich bei mir. Auch von einem Titel reden sie schon:

‹A Song of Joy›. Und wie es scheint, sind diese Interessenten ziemlich potent. Sie wollen den Film mit einem grossen Budget und mit grossen Namen produzieren – von Emma Thomson und Dustin Hofmann sei die Rede – und dann auch entsprechend vermarkten. Eine Art modernes Märchen soll es werden. Eine intime Geschichte und zugleich eine Parabel. Eine Art Alchemist für unsere Zeit auf der Suche nach dem Schatz. Eine Reise um das Mittelmeer wie bei Coelhos Santiago, der nach Ägypten wandert zu den Pyramiden. Neu an meiner Geschichte soll sein, dass es die Reise von modernen Menschen ist, von Mann und Frau in unserer Zeit, die die alten Werte kennen und nach neuen Schätzen graben. Ihre Reise geht weiter, über die Pyramiden hinaus, um das Meer herum, bis sie wieder nach Hause kommen. Die Idee gefällt mir gut. Dafür würde ich gern den Namen meines Helden geben und auch den Namen seiner Frau, wenn du einverstanden bist. Aber dafür ist es noch zu früh. Und weisst du, was mir auch gefällt an dieser Idee? Wenn die Erträge weiter wachsen, sind wir bald in der Lage, Thomas den Start in sein eigenes Unternehmen zu ermöglichen, vorausgesetzt, dass er das will. Hättest du geglaubt, dass es je so weit kommt, dass in meinen Geschichten so viel steckt? Gehofft habe ich das schon und auch davon gesprochen, aber geglaubt, wirklich geglaubt, habe ich es nicht. Ich war, wie ich jetzt sehe, nicht anders als unser Thomas. Ich meinte, ich glaube mehr als er, bis ich erkannte, was Glauben wirklich heisst.»

Sie sagt nichts – was soll sie dazu sagen? – und nimmt ihr Buch in die Hand.

«Rankin», sagt sie, «ist noch immer gut, aber der neue Detektiv ist halt doch kein Rebus. Inspektor Rebus war besser, der Beste, den es je gab, einen Besseren gibt es nicht. Schade, dass er in Pension gehen musste.»

«Auch da habe ich Neues zu berichten, Erfreuliches für dich. An der Buchmesse im letzten Jahr wurde ziemlich laut gemunkelt, dass Rankin nach einer Neuauflage von Inspektor Rebus sinne. Eine neue Geschichte, sagt man, und sie sei gut, wollen Eingeweihte wissen. Wieweit es Marketing ist für seinen aktuellen Roman, oder ob Rankin tatsächlich einen neuen ‹Rebus› schreibt, scheint niemand klar zu wissen, und wer es weiss, der schweigt. Aber eines will *ich* dir dazu sagen: Sollte Rebus auferstehen, wäre er mein Vorbild auf Lebenszeit. Ich würde es machen wie er. Am Ende meiner Trilogie geht mein Held in Rente, und dabei lasse ich offen, ob es je eine Fortsetzung gibt. Die Leserinnen und Leser, wie wir wissen, haben solche Rätsel gern. Und die Wahrscheinlichkeit wäre hoch, dass mein Held, der ja ein Schriftsteller ist, eines Tages neu erscheint, weil Schriftsteller und Detektive in einem ähnlich sind: Sie können das Fahnden nicht lassen. Noch wenn sie am Sterben sind, stellen sie sich die Frage, wer das jetzt wohl verbricht ...»

Inzwischen brennt es kräftig im Kamin, und sie stellt ihm eine Frage.

«Wie wär's, mein Lieber? Ein Date, du und ich heute Abend, zur vorgerückten Stunde?»

Worauf er ihr zur Antwort gibt: «Warum so lange warten?!»

Epilog

So fuhren wir also an unserem grossen Tag ins kleine Dorf hinüber, das nur mit dem Schiff zu erreichen ist, und dort gab mir Ben sein Geschenk. In Quinten am Strand, am Ort der Quintessenz, wie Ben bedeutungsschwanger sagt.

Grosse Worte macht Ben gern, die kleinen fallen ihm schwer.

Er drückt sich rum, ist verlegen, weiss nicht, wie er es anstellen soll.

«Ach bitte», sagt er dann und schaut mir in die Augen. Dann fällt sein Blick auf das, was er in den Händen hält: «Ich liebe dich oder die Geschichte vom goldenen Licht». Das Bild, das ihn erinnert: Steine im Bach, im Wasser, und eine rosa Schleife darum.

Dann gibt er sich einen Ruck: «Nimm bitte, das ist mein Geschenk, und lies, dann weisst du, was ich meine.»

Anmerkung des Autors

Der Schriftsteller an der Buchmesse im Jahr 2010 war natürlich ein anderer, und die Frau, die nach Irland fuhr mit ihren Leuten, war auch nicht meine Frau. Alles andere ist aber wahr – fast auf jeden Fall.

Vater ist ein Träumer

Auch du hast geträumt,
als du ein Kind warst,
auch wenn du es nicht
mehr weisst.

«... Echtheit. Authentizität. Schönheit. Das, genau das ist es, was ich suche in meinem Leben: Momente, die sind wie dieser. Und ich bin sicher, diese Ausstrahlung schlummert in jedem Menschen, wenn er das findet und das tut, was seine Berufung ist. Lass uns Wege finden, diese Ausstrahlung immer wieder zu entdecken.»

Ben glaubt an den Wert der Träume, und er liebt Geschichten über alles. Er erzählt seinem Sohn, wie aus dem Traum seine Wirklichkeit wurde.

Ein zauberhaftes Buch, das den Wert des Lebens feiert.

Leseprobe und mehr dazu unter www.bküttel.ch
Printbuch ISBN 978-3-906095-63-9
erhältlich im Buchhandel,
E-Book bei Amazon, iTunes & in vielen weiteren Shops

Erde an Scotty

Ausgezogen,
um mein Glück zu finden,
habe ich entdeckt,
dass ich es mit mir trug.

«... Du weisst, dass ich mich in der ‹Leben & Bewegen›, wo meine Geschichten erscheinen, einen Sinnsucher nenne. Und jetzt rede ich der Sinnlosigkeit das Wort! Das ist kein Widerspruch, sondern eine logische Konsequenz. Wer sucht und sucht und sucht, findet irgendwann den Ort, wo er verweilen möchte, vielleicht bis ans Lebensende, oder er erkennt, dass das Suchen nur dann wirklich Spass macht, wenn es ein endgültiges Finden nicht gibt. Sonst wäre das Suchen zu Ende. Eine Katastrophe wäre das für einen Sucher wie mich ...»

Ein Mutmacher für Menschen, die eigene Wege gehen.

Leseprobe und mehr dazu unter www.bküttel.ch
Printbuch ISBN 978-3-906095-67-7
erhältlich im Buchhandel,
E-Book bei Amazon, iTunes & in vielen weiteren Shops